好客山东

欢迎您！

这 THIS IS 就是 SHANDONG 山东

《这就是山东》编委会
编著

中国地图出版社

图书在版编目（CIP）数据

这就是山东 / 《这就是山东》编委会编著. -- 北京：
中国地图出版社, 2021.1
ISBN 978-7-5204-2102-7

Ⅰ. ①这… Ⅱ. ①这… Ⅲ. ①山东－概况 Ⅳ.
①K925.2

中国版本图书馆CIP数据核字(2020)第256115号

这就是山东

出版发行　中国地图出版社
社　　址　北京市白纸坊西街3号
邮政编码　100054
电　　话　010-83543926
网　　址　www.sinomaps.com
印　　刷　北京华联印刷有限公司
经　　销　新华书店
成品规格　210mm × 280mm
印　　张　19
字　　数　292千字
版　　次　2021年1月第1版
印　　次　2021年2月北京第1次印刷
定　　价　158元

书　　号　ISBN 978-7-5204-2102-7
审 图 号　鲁SG（2020）017号

沧州市
贝壳堤岛与湿地
衡水市
河 北
华
北
平
原
德州市
德 州 市
滨 州 市
滨州市
东 营
东营区
垦利区
河口区
利津
沾化区
无棣
阳信
惠民
庆云
乐陵市
宁津
陵城区
武城
平原
临邑
商河
高青
博兴
广饶
桓台
济阳区
夏津
禹城市
齐河
高唐
临清市
大运河
邹平市
鹤伴山
周村区
淄博市
临淄区
青州市
济南市
济 南 市
千佛山
章丘区
淄川区
淄 博 市
青州
临朐
原山
博山区
博山
仰天山
长清区
柳埠
药乡
泰山
泰安市
岱岳区
茌平区
聊城市
冠县
东阿
平阴
莘县
阳谷
肥城市
莱芜区
沂源
沂山
钢城区
泰 安 市
徂徕山
莲花山
东平湖
东平
新泰市
濮阳市
河 南
梁山
汶上
宁阳
蒙阴
鄄城
郓城
孔庙、孔林、孔府
泗水
兖州区
曲阜市
蒙山
沂蒙山
孟良崮
沂南
济 宁 市
尼山
平邑
临 沂 市
巨野
嘉祥
济宁市
邹城市
东明
菏泽市
菏 泽 市
南阳湖
独山湖
定陶区
金乡
大运河
鱼台
枣 庄 市
山亭区
费县
河东区
临沂市
滕州市
熊耳山
成武
罗庄区
曹县
单县
昭阳湖
市中区
微山
枣庄市
薛城区
峄城区
兰陵
微山湖
台儿庄区
郯城
商丘市
安 徽
河 南
徐州市

山东省地图
1:1 800 000

目 录

6
P097
活力东营
7
P113
烟台可遇仙？
11
P183
威震海疆
8
P131
青天之上找潍坊？
3
P043
青岛知多少？
12
P201
日照在何方？

这就是山东

山之东，日初升。
始东夷，生文明。
衍千秋，出圣人。
行仁礼，传盛名。

一条黄河犹如腾翔金龙横贯东西，
积沃壤厚土，物产丰饶，

山水福地自古皆然。
一脉运河宛若翩舞青鸾纵穿南北，
聚闻达圣贤，人杰地灵，
天海胜境妙从此生。
挟 8500 年前新旧石器时代的混沌沧桑而来，
开创博大精深的古老哲学孜孜以求，
延续经久不衰的齐鲁文化生生不息。
山东的绝代风华，
从历经茹毛饮血的原始文明到闻名天下的圣人学术，
几乎浓缩了中华民族国史人文的璀璨精华。
从遍尝人间风雨洗礼的往昔到如今雄踞东部的百业兴发，
更是见证了中华民族矢志不移大国复兴的新篇章。

| 黄河口红地毯 |

地处中国东部，
暖温带季风气候的轻拂柔展，
让山东春夏秋冬四季分明，
各类物种得以在这里繁衍生存，
从而成就了这里丰饶的物产与谦和慷慨的气度。
而中部突起的泰山，
以图腾的姿态俯视全省，
让东西南北四方逐势走低，

| 泰山 |

形成丘陵、盆地、平原、半岛、海岸等形态各异多姿多彩的地形地貌，
进而生发出多元的文明和种类繁多的文化。
三皇五帝的足迹早早就踏上这片土地，
东夷文化在这里孕育发扬光大。
古华夏九州初分，
山东一地便有兖青二州，
周天子诸侯封国，
山东境内更是强国林立。
齐鲁文化兼容并蓄，
不仅诞生了以孔孟为首的儒家文化，
还涵盖了道家、兵家、法家、墨家以及阴阳、纵横、方术、刑、名、农、医等诸子百家。
自古齐鲁圣人多，
儒家圣贤孔子、孟子、曾子等名传千古，
兵家孙武、孙膑和姜尚冠绝古今，
科圣墨子、工圣鲁班、车祖奚仲、棋圣弈秋、智圣诸葛亮、孝圣闵子骞、书圣王羲之诸圣人生长于斯。
圣人之外，各类大家更是数不胜数。
吴起、李典、秦琼、谭延美等历代名将名帅和戚继光、左宝贵等民族英雄来自这里，
数学家刘洪、理论家刘勰、识才家伯乐、医学家淳于意、水利学家贾鲁、画家张择端、哲学家仲长统……
文坛豪杰则有东方朔、颜之推、祢衡、王籍、王禹偁、左思、孔融、刘洪、王粲、刘桢、王戎、刘峻、鲍照、温子升、晁补之、李之仪、董养性、田雯、丁耀亢、于慎行、蒲松龄、李文藻……
这些熠熠生辉的名字和近现代以来如繁星一般涌现的各行各业杰出人士，
让山东成为名副其实的圣贤之乡、英杰故土。

展开山东的这一轴如诗如歌的雄浑画卷，
每一座城市都源远流长，
每一寸土地都演绎传奇。
全省十座国家历史文化名城争奇斗艳，
新兴产业集群和强劲发展城市如雨后春笋。

省会济南依水而生，因泉而名，因“山、泉、湖、河、城”形成独特的风貌，

是环渤海经济区和京沪经济轴上的重要交会点。

趵突泉边和大明湖畔的新泉城，

正在书写日新月异的历史华章。

青岛作为国际性港口城市，

鲜酿的啤酒和无与伦比的城市建筑誉满天下，

还有深厚的文化沉淀和多元的经济集群，

如今正面向全球经略海洋，

以建设国际性的海洋大都市。

齐文化发祥地淄博，

足球在这里起源，

一部蒲松龄的《聊斋志异》写尽人间悲喜离合，

新时代的历史巨变和产业转型升级正在让城市腾飞。
热血枣庄作为鲁南地区中心城市，
铁道游击队的故事声名远扬，
台儿庄的血战是抗战光辉璀璨的一页，
从传统能源工业城市到新兴科技创新基地，
如今已成长为中国百强城市。
黄河三角洲中心之城东营，
黄河在此流入大海，胜利油田续写着新的胜利。
人间仙境烟台，仙与鲜在这里邂逅融合，
蓬莱仙岛守望着新的奇迹，
活力四射的蓝色经济引人赞叹。
鸢都潍坊一如风筝的翅膀，

| 海上帆影 |

只愿意在青云之上翱翔。
传统与科技对话，正在加速建设面向未来的新型智慧城市。
圣人故里济宁，
既是文化的殿堂，也是运河的故乡，
孔孟之道的哲学，水泊梁山的豪爽，
交会传承不老的光华。
泰山安则四海皆安，
泰安因泰山的五岳之首和文化至尊之位，
居鲁中最高处，欲翱翔天地间。
中国近代第一支海军的发源地威海，
昔日威震海疆悲喜交加，今朝奋发图强一日千里。
太阳之城看日照，山海同天，日初先照，
是历史上亚洲最早出现的城市之一，
也一定是未来亚洲最具发展潜力的城市。
山东省的北大门滨州，
地处黄河三角洲高效生态经济区、山东半岛蓝色经济区和环渤海经济圈，
得天独厚的地理条件，
矢志不渝的强市蓝图，
让这里的今天和明天无限精彩。

山东省红色地图

| 威海成山头 |

矗立在黄河冲积平原上的德州，
一只扒鸡香遍九州八方，
一条黄河曾让这里饱受洪灾袭扰，
如今这条河这座城却是生命之河希望之城。
鲁西江北水城聊城，
神秘的东阿阿胶产自这里，
山东快书的起源地也在此处，
“北方威尼斯”的美名传遍千万里。
红色临沂可歌可泣，
沂水长蒙山高，
曾经的革命之城成为商贸名城和物流之都，
跻身全国重要的物流周转中心和商贸批发中心。
国色天香在菏泽，
这座牡丹之都济水所汇，菏水所出，
从来底蕴深厚，
今朝更气象万千。

德州市
商河县秧歌
惠民县胡集书会
临邑市一勾勾
夏津黄河故道古桑树群
趵突泉
滨洲市
东营市
魏氏庄园
孙武
潍坊风筝
广饶关帝庙大殿
山东省山东琴书
梨花大鼓
山东博物馆
李清照
辛弃疾
山东大学
千佛崖造像
济南市
山东省京剧柳子戏
淄博市
临淄齐国故城
临淄中国陶瓷博物馆
淄博市蹴鞠
黄河
济南革命烈士陵园
嬴城遗址
泰山
莱芜战役
纪念馆
原山
仰天山
沂山
沂山
京杭大运河
孔繁森同志纪念馆
聊城市
聊城杂技
东阿阿胶制作技艺
光岳楼
聊城山陕会馆
莲花山
淄博市五音戏
淄博市孟姜女传说
孔府
岱庙
泰安市
左思
蒙山
孔林
孔庙
孔子
孔子故居
尼山
天宇自然博物馆
诸葛亮
孟良崮战役烈士陵园
济宁市
崇觉寺铁塔
孟子
曲阜市祭孔大典
水丰塔
冀鲁豫边区
革命纪念馆
菏泽市
嘉祥县鲁西南鼓吹乐
鲁西南战役
纪念馆
临沂市
华东革命
烈士陵园
枣庄市柳琴戏
微山湖
铁道游击
队纪念园
枣庄市
郯国
故城
台儿庄古城
台儿庄大战纪念馆
台儿庄大战旧址

黄河口
莱州湾
蓬莱阁
蓬莱水城及蓬莱门
南山
罗山
艾山
莱州市蓝关戏
烟台市
威海市
双岛
刘公岛甲午战争纪念地
中国甲午战争博物馆
昆嵛山
烟台市胶东大鼓
天福山革命遗址
圣经山摩崖
伟德山
牟氏庄园
牙山
昆嵛山革命纪念馆
槎山
招虎山
地雷战纪念馆
海阳大秧歌
潍坊市风筝制作技艺
杨家埠年画
十笏园
潍坊市
潍县乐道院暨西方侨民集中营旧址
潍坊市杨家埠木版年画
崂山
马山
高密茂腔
高密扑灰年画戏
胶州大秧歌
胶州茂腔
崂山
中国海洋大学
青岛德国建筑
中国人民解放军海军博物馆
青岛市
诸城恐龙博物馆
珠山
灵山湾
中国石油大学（华东）
两城镇遗址
莒州博物馆
日照海滨
日照市

山东人文地图

山东的山水景致、人文建筑、岛礁林湖，
一如源起久远的厚重文化，
敢称古今第一者甚多。
济南七十二名泉，趵突泉为御赐“天下第一泉”。
崂山不但是中国大陆海岸线上第一高峰，亦为海上“第一名山”。
曲阜三孔，孔府有“天下第一家”之称，孔庙为“儒家第一庙”，孔林堪称“中国最大的家族私人墓地”。
台儿庄古城有“天下第一庄”之称。
迄今已有2600多年历史的齐长城被誉为“长城之父”。
人称“万国建筑博物馆”的青岛八大关在全国城市建筑中首屈一指。
山东地下大峡谷被誉为“中国地下河漂流第一洞”。
“天下第一山”之美称同样来自山东的“五岳之尊”泰山。
总水域面积40平方千米的东营龙悦湖是亚洲最大的人工平原水库。
秦始皇都青睐有加的芝罘岛是中国最大的陆连岛。
“海上仙山属蓬莱，蓬莱之祖是昆嵛”“海上仙山之祖”美誉所赞的便是昆嵛山。
潍坊风筝博物馆系全国第一座风筝专业性博物馆。
荣成成山卫天鹅湖是中国北方最大的天鹅湖，被国内外专家学者誉为“东方天鹅王国”。
日照市莒县浮来山定林寺内，有4000年树龄的“天下银杏第一树”，是世界上最古老的银杏树。
世界上最大的太阳能建筑则落户德州。
北方最大的城市湖泊东昌湖在聊城碧波粼粼
滨州孙子兵法城被誉为“华夏兵学第一圣殿”。
菏泽的中国牡丹园是世界最大的牡丹品种保护、繁育基地和牡丹观赏基地。

| 曲阜尼山孔子像 |

山水之景、人文之景、城市之景，
众多冠绝古今、名扬天下的“第一”，
让山东自信满满地向全世界发出了“有朋自远方来，不亦乐乎”的盛情邀请。

| 济南大明湖 |

齐鲁之韵，还在于衣食住行的非比寻常。

千百年来形成以“蒸、煮、烤、酿、煎、炒、熬、烹、炸、腊、盐、豉、醋、酱、酒、蜜、椒”为特色的鲁菜，

是中国最重要的菜系之一，以其鲜咸脆嫩、风味独特、制作精细享誉海内外。

省内地理差异大，

因而形成了沿海的胶东菜和内陆的济南菜以及自成体系的孔府菜三大体系。

每一种体系的鲁菜，有所同却又大不同。

而山东独有的戏曲、音乐、歌舞、祭祀民俗、陶瓷制作、武术、运动、雕刻等瑰丽艺术的传承，让山东成为“非遗”众多的艺术大省和民俗之乡。

连接南北，通达东西，山东是全国举足轻重的交通枢纽。

现代化的铁路、航空、港口、公路等交通设施，

带来了联通全球的繁忙商贸。

深耕内地，门类众多的产业都在山东深深扎根，

经略海洋，全球的商业往来让山东活力四射。

有全球影响力的山东半岛城市群风华正茂，

上升为重大国家战略的黄河流域生态保护和高质量发展，

以及创新型省份建设的不断加快，

加上“上云用云”的数字化“云翅膀”，

山东产业发展形成“产业＋配套、平台＋生态、技术＋赋能”的集群发展格局。

昔年功绩作旧事，今日敢为天下先。

加速增强的动力活力、加速优化的结构布局、加速成长的新动能……

不断加速的山东正以奔跑的姿态写就新的辉煌。

山之东，日当头。

怀天下，念古今。

行大道，欲大成。

从古代文明形成的深厚积淀，
到当代融合创造的探索成就，
不同时空范畴的博大雄奇，
呈现出齐鲁大地在任何历史周期，
都从不屈居人后的伟大演进历程。
东风恰从东方来，
山东又见山东兴。

泉城济南

泉城水韵，

文津济南，

曲山艺海，

济南味道，

开放之都！

济南依水而生、因泉而名，
是天下闻名的泉城，
钟天地之灵秀、
蕴山水之华英，
具有“山、泉、湖、河、城”浑然一体
的独特自然禀赋。

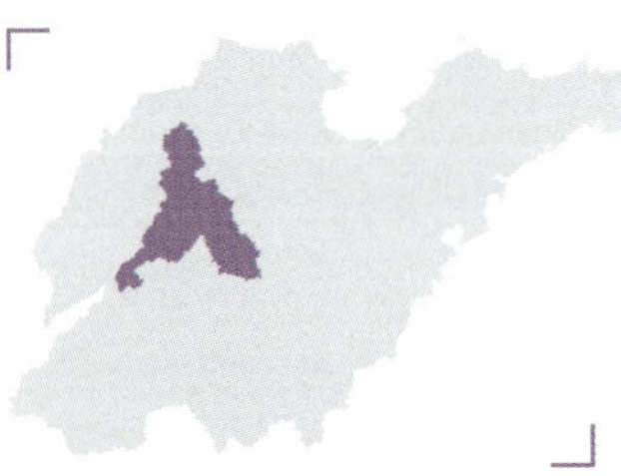

济南在山东的位置

济南市地图

地处山东省中部，
南依泰山，
北跨黄河，
作为山东省省会和全省的政治、
经济、文化、科技、教育和金融中心，
济南自古就是海右名郡、
齐鲁雄都、工业重镇。
现在的济南可以用“三个 1”概括：
面积超过 1 万平方千米，
人口突破 1 千万，
GDP 正在向 1 万亿迈进。
济南是中华文明的发祥地之一，
悠久的历史，璀璨的人文，
既给济南留下了众多至高性、
唯一性的文化遗产，
也形成了济南兼容并蓄、
海纳百川的文化秉性。
济南区位优势明显，
是多个战略经济区的交会点和
国家重要的交通枢纽城市。
济南商业积淀厚重，
传承千年的“亲商、爱商、重商”
基因深深融入了济南人的血脉。
迈入新时代，彰显新担当，实现新作为。
济南正在奋力谱写省会高质量发展的新篇章。

泉城水韵

济南有“泉城”之誉，
这绝非浪得虚名。
济南的泉，是水的极致形态。
在济南的各个角落，
总会不经意间闪现出一股清泉、一口古井，
绕城的曲水，清澈透明，
穿插在逼仄的古巷，
将南方罕有的灵气糅合进了北方雄浑的舜山禹水之间。
钟天地之灵秀、蕴山水之华英，
最早记载“济南名泉七十有二”的
是金代元好问的《济南行记》，
而元代《历乘》一书完整录入了
金代《名泉碑》上的“历下七十二名泉”，
这就是公认的“济南七十二泉”的第一个版本。

七十二泉之首趵突泉，
俗称三股水，
其喷涌之气势、水量，在济南诸泉中首屈一指，

作家老舍在《大明湖之春》中写道：
“泉、池、河、湖，四者俱备，
这才显出济南的特色与可贵，
它是北方唯一的‘水城’。”
大致在同期，
日文明信片上将济南称为“水都”或“水之都”。

趵突泉

中国第一大泉水湖大明湖，
宛如一块翡翠镶嵌在城市的中央，
济南的泉水百脉归一，汇入湖中。
“四面荷花三面柳，一城山色半城湖”。

大明湖岸边翠柳垂荫，
湖中碧波荡漾，荷花似锦，
乘画舫徐行，人如在画中。
这里景色宜人，
唐代的李白、杜甫，
宋代的曾巩、苏轼，
金、元的元好问、张养浩、赵孟頫，
明代的李攀龙，清代的王士祯，
近代的老舍等文人墨客都在此留下了著名诗篇。
明崇祯《历城志》所载“济南八景”中，
大明湖居其三，
包括“鸣湖泛舟”“会波晚照”和“历下秋风”。
大明湖人文景观荟萃，
历下亭、铁公祠、小沧浪、北极阁、会波楼、藕神祠、稼轩祠等名胜古迹不可胜数。

文津济南

| 一院三馆：山东省会大剧院、济南市图书馆、济南市美术馆、济南市群众艺术馆 |

作为中华文明的发祥地之一，
这里发现了距今4000多年的龙山文化遗址，
拥有3000多年的建城史。

文化遗产丰富，人文底蕴厚重，
既给济南留下了众多至高性、
唯一性的文化遗产，
也形成了济南兼容并蓄、海纳百川的文化秉性。

历史上的济南，
俗尚文儒，兴学重教之风久盛不衰。
闵子书院、历山书院、湖南书院、泺源书院、尚志书院等驰名齐鲁，
逢人就称“老师”是最好的明证。
清末推广新式教育后，
济南的近现代教育在山东省乃至全国一直居于领先地位。
中国近代高等教育的源头之一山东大学，
其前身为清末“新政”中诞生的山东大学堂，
是继京师大学堂之后中国创办的第二所国立大学。
中国最早的大学章程《山东大学堂章程》，
在中国近代高等教育发展史上具有开风气之先的伟大意义，
山东大学因此也成为中国第一所按章程办学的大学。

曲山艺海

济南不仅是泉水之城，
更是文化名城，
这里诞生了不计其数的诗词歌赋、戏剧曲艺，
无数文坛巨匠、艺苑名伶也与济南结下了不解之缘。
《诗经》中的《大东》是与济南相关的最早的诗歌，
无影山汉墓的乐舞杂技陶俑反映了济南当时的文艺水准，
北宋“济南二安”李清照、辛弃疾的词篇家喻户晓，
元代的张养浩一生著述颇多，
存留至今的明代戏曲作家李开先的《打哑禅》，

| 吕剧 |

是后世单口相声《山东斗法》的蓝本。
清末文学家刘鹗在《老残游记》中，
描写梨花大鼓女艺人白妞高超的说书艺术，
使济南获得了一个“词山曲海”的称谓。
清末民初，
随着济南开埠与津浦铁路济南站的开通，
济南城市经济发展迅速，
官绅商贾云集，经济繁荣、人口众多，
观众也以懂行、热情而著称，
这些都为曲艺的发展提供了广阔的市场。
20 世纪 20 年代前后，
人们开始以“书山曲海”来称誉济南说唱艺术的繁茂，
马三立、高元钧、骆玉笙等诸多曲艺泰斗
也在济南登台献艺并扬名立万。
曲艺界曾有一说：

“北京学艺，天津练活儿，济南踢门槛儿。”
这更令济南在曲艺界享有与北京、天津比肩的地位。
从此，“曲山艺海”就是对这座城市的赞誉之词。

济南味道

大明湖的白莲藕，
曾被当作时鲜水果，
用荷叶包住拍碎，
然后撒上白糖，
就是甘甜爽脆的佳品，
美不可言。

大明湖的荷叶，
开水略烫，覆盖煮粥，
粥凉后加糖，
色碧味香，
名曰“荷叶粥”，
是著名的消暑小食。

章丘的大葱，
高、长、脆、甜，
葱白甘芳可口，
是鲁菜的主要佐料。
在烤鸭、葱烧海参、葱烧蹄筋、葱扒鱼等
鲁菜名肴中都能见到它的踪影，
切丝蘸甜面酱就面饼食用最佳。

酥锅是济南人过春节常做的美食，
以砂锅为釜，
白菜铺底，
肉类、海带、藕放在中间，
加上葱、姜、盐、糖、醋、酱油，
豆腐、白菜覆顶，
急火烧开，文火炖烂，
上桌后，由浅至深、先荤后素，
曲径通幽，豁然开朗。

甜沫是济南小吃的“招牌”，
初闻其名，以为是某种有泡沫的甜饮料，
而实为一种咸粥，
最早也不叫“甜沫”，而是叫“添末儿”，
意即粥做好了，

| 甜沫 |

| 把子肉 |

添上点儿配菜、调料之类的“末儿”。
后来人们依谐音将它雅化成了“甜沫”。
茶汤非茶，米香四溢更胜茶。
甜沫不甜，阅尽五味方得甜。

把子肉是济南常见的市民美食，
精选带皮五花肉，
切成巴掌长的厚片，
配以丸子、蛋角、海带、面筋、花干、素鸡等荤素硬菜，
一齐放入坛中，浓油赤酱，
猛火开锅文火炖，炖到香气四溢。
炖好的把子肉肥而不腻、瘦而不柴，
刚好下饭，一口饭就一口肉，
恰好把米香肉香统统带出来，
大口入肚，痛快淋漓。

济南人喜欢大口吃肉、大碗喝酒，
上世纪 80 年代的某一个夏天，
不知哪一位在纬九路卖起了一种“吃喝绝配”，羊肉串、扎啤渐渐火了起来，
引来越来越多的人效仿。
两毛五一串的羊肉串，
配上扎啤、马扎和小方桌，
就形成了最原始的济南烧烤。

路边烧烤摊给济南人带来了别具特色的夜生活，
也让撸串文化得以延续发展，
更让济南“串都”之名名扬省内外。

开放之都

| 济南重工“开拓一号”盾构机下线 |

济南工商业积淀厚重。
北宋年间，
济南就诞生了已知的世界上最早的商标——刘家功夫针铺的“白兔捣药”商标。
清光绪三十年（1904 年），济南领风气之先，
是中国近代第一个自开商埠的城市，
成为重要的工商业名城。
清光绪元年 (1875 年)，
山东巡抚丁宝桢就以“靖海安边”为名，
耗银 18.68 万两，在济南创办了山东机器局，
此为济南装备制造工业之开端。
中华人民共和国成立以来，
济南更是以齐全的工业门类、
雄厚的产业实力，
贡献了 70 多个“全国第一”的科技成果，
成为享誉全国的工业重镇，
培育了瑞蚨祥、齐鲁制药、小鸭、九阳等一批优秀的轻工业企业，
也造就了中国重汽、济南机床、莱芜钢铁、济南炼化等一批重工业企业。

东风浩荡，厚积成势！
济南迎来千载难逢的发展机遇。
中国的内陆地区面临着又一次重大机遇，
谁能成为高铁的枢纽，
谁就能拥有更多的话语权。
济南区位优势明显，

北接京津冀，南连长三角，
东承环渤海经济圈，
西通中原经济区，
是多个战略经济区的交会点，
也是重要的交通枢纽城市。

“米”字形高速铁路网初具雏形。
300 多个高铁车次日夜兼程，
直达全国 254 个城市，
中欧班列、中亚班列班次日益稠密，
济南国际内陆港的地位更加巩固。

迈入新时代，

彰显新担当，

实现新作为，

济南人正努力“让济南这个山东的经济龙头扬起来”。

凝心聚力，锐意进取，
加快建设“大强美富通”的
现代化国际大都市，
争创国家中心城市，
奋力谱写省会高质量发展的
新篇章！

| 济南夜景 |

青岛知多少？

HNA

一杯精酿的啤酒香飘海岸，
一座道教的名山传奇玄妙。
青啤甘洌，崂山驰名。
如果这样认知青岛，
也不过是一鳞半爪。
青岛是一座人文与自然、
东方与西方、
古典与现代交相辉映的城市。
青岛还是国家历史文化名城、
东亚文化名都，
是亚欧大陆桥东方桥头堡。
青岛全域环胶州湾分布，
是我国乃至世界上
最具湾区特征的城市之一。

山海交会，今古贯通，
中西融合，时代弄潮。
从万古波浪中出世的青岛，
带着万方星空的深情，
抵达今天，
连接起过去、现在和未来。

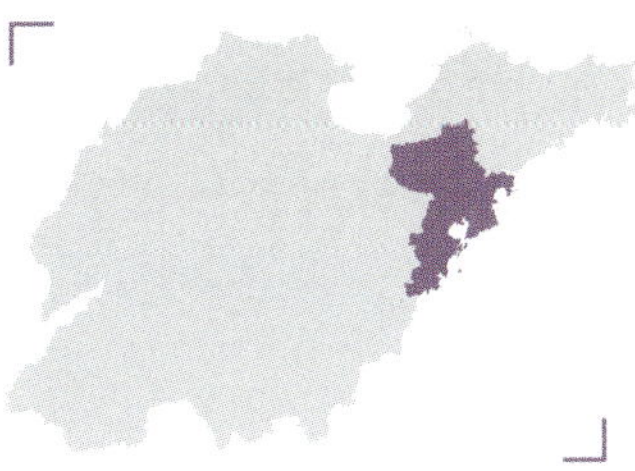

青岛在山东的位置

青岛市地图

前世今生看青岛

天开异境，

山海同辉。

距今数万年的大珠山遗址，

是山东半岛已知最早的旧石器时代遗存，

彼时，

古人类从内陆走向海洋寻找日出的足音，

就在这片海岸线上回荡。

进入新石器时代，

东夷先民踏勘洪荒，

伟大而艰难的探索行动撼人心魄。

胶州湾地区成为海洋性东夷文化的发祥地，

以齐置即墨和琅邪（今名琅琊）开港为标志，

青岛地区的建城史和开港史可追溯至 2580 年以前。

即墨为胶东半岛城市文明的渊薮，

是春秋以来青岛乃至胶东半岛地区建城史的开端。

琅邪为春秋战国时的中国古港之首，

为海上丝绸之路的滥觞。

秦始皇移民三万户修筑琅邪台和琅邪港。

东晋高僧法显西行求法，

东归在崂山南岸登陆，是佛教中国化和海上丝绸之路的里程碑。

唐宋名港板桥镇，

是当时中国北方的航运中心、东亚文化的交流中心，

北宋在此设置北方唯一的管理海上贸易的市舶司。

元朝开辟胶莱运河，

这是中国和世界上的第一条海洋运河。

明清之际，

青岛闪动着海上丝绸之路的流风余韵。

19 世纪末，

青岛被推入了“三千年未有之变局”的风口浪尖，

开始了近代化、城市化和工业化历程。

清光绪十七年（1891 年）六月，

清政府议决在胶州湾设防，

青岛被纳入了北洋海防体系。

清光绪二十三年（1897 年）德国占领青岛的“胶州湾事件”震惊中外，

加快了戊戌变法的进程。

在 1914 年的日德战争中，青岛成为第一次世界大战的亚洲主战场。战后巴黎和会上“青岛问题”，

引发了五四运动。

| 德国总督府旧址 |

 | 胶济铁路青岛火车站 |

历史地看，
随着工业文明的发展，
工人运动蓬勃兴起，
王尽美、邓恩铭、李蔚农、刘少奇等党的先驱筚路蓝缕，传播马列主义，
为青岛打上了鲜明的红色印记。
20 世纪二三十年代，
康有为、蔡元培、杨振声、闻一多、老舍、梁实秋、沈从文、洪深等人文学者、作家和童第周、束星北、黄际遇、王淦昌、蒋丙然、高平子、赫崇本等科学家会聚青岛，
群星闪耀之际，
青岛成为我国重要的学术中心和科研基地，
人文与科学并盛，
奇光异彩至今犹令人怀想不已。
作为中国现代海洋科学的发祥地，
青岛集聚了我国一半以上的海洋科研力量。
就主城区范围看，
青岛是我国最早的先有科学规划再开工建设的城市，
欧洲先进的城市思想与本地独特的自然地理环境结合，
呈现出“红瓦绿树，碧海蓝天”的视觉形象，
素有“万国建筑博览会”之称。

青岛在成为西学东渐的前沿之后，
因卫礼贤的译经活动等，
又成为东学西渐的桥头堡。
多元文化在青岛交会的深度、广度和高度都异乎寻常。
青岛历史集结着博大、雄奇、精深、邃密的文化史。

在陆海交接处见证历史更替，
形成内蕴深厚的古代文明积淀和独树一帜的近现代文化形象。
如今，
青岛瞄准长江以北地区国家纵深开放新的重要战略支点，
正奋力打造国家对外开放高地中的高地。

| 德华银行青岛分行 |

山海胜境品青岛

青岛是镶嵌在黄海之滨的一颗璀璨明珠，
依山傍海，风光秀丽，
是诗意安居之所在。
高山与大海是大自然给予青岛最好的馈赠，
海纳百川、山海一体是这座城市最鲜明的风格。

青岛的建筑艺术丰富多彩，

承载着城市的审美形象。

青岛海湾众多，

自北而南依次是丁字湾、栲栳湾、横门湾、崂山湾等，

星罗棋布，

弥漫着自然与人文的共同诗意。

青岛湾、汇泉湾、太平湾，一起构成了青

岛旅游的黄金海岸线。
以“红瓦绿树，青山碧海”为视觉标志的整体审美形象，
具有不可复制的城市美学价值。
青岛湾内东部近岸处有一小岛，
如睛在目，如珠在口，
点染着自然造化之神意。
这安坐波上的如螺小岛，
面积仅 0.024 平方千米，却极具历史分量和景观价值，
它因“山岩耸秀，林木蓊清”之故，
名曰“青岛”，又称“小青岛”，
青岛城市之名即缘于此。
与小青岛形成完美对景的是栈桥，
20 世纪 30 年代评定“青岛十景”，
栈桥和小青岛分别以“飞阁回澜”和“琴屿飘灯”之名位列前二。
位于青岛市南区南部西侧陆海交接处的汇泉湾，小鱼山、八关山、青岛山及太平山环列于岸上，
一派山海交融的美妙景致令人印象深刻。
清光绪二十六年（1900）年德国人在汇泉角建炮台，
炮台构成了青岛要塞的重要一环。
20 世纪二三十年代，
多姿多彩的花园式别墅陆续出现于山海之间，形成八大关近代建筑群，
以万国建筑博览会之姿包容着世界。
2008 年北京奥运会帆船比赛在此举行，
千帆竞渡之间，
青岛帆船之都的形象豁然开朗。
奥帆中心与五四广场、音乐广场相映生辉，
“五月的风”大型雕塑是青岛东部现代城区最具代表性和辨识度的新地标。
灵山湾与灵山岛位于青岛西海岸新区东部陆海交接处，
此即古胶州八景之“灵岛浮翠”，
偶见海市蜃楼互相映衬。
横门湾位于青岛即墨区东北部，湾内有田横岛。
除了海洋的瑰丽，
青岛之美在千重山光中持续展开。

上古地志《山海经》所言的甘山便是今日崂山。

崂山拔海而起，

其主峰巨峰以海拔 1133 米的高度而成为中国大陆海岸线上最高的山峰。

山在海上，海在山中，
为中华海上巅峰，
为海陆一体化之图腾。

崂山作为中国道教的一个源头，

因北七真的集结而弥漫着全真道的精神气氛。

与此同时，

又因郑玄讲经不其山而肇续前缘。

明清书院文化绍其余续，

在山中大放异彩。

毛公山为崂山西麓山峰，

举目遥望，

一面天然花岗岩石壁映入眼帘，

看上去酷似毛泽东主席巍然站立、

极目远眺之状。

缘此，人们将这座山称作毛公山。

马山位于青岛即墨区，

山之西南部，因岩浆冷凝均匀收缩，

形成四方柱状节理，笔直挺拔，排列紧密，

恰似密林，故名马山石林。

大泽山位于青岛平度市、莱西市与烟台莱州市交界处，

有东汉、北魏、北齐及金、元诸朝摩崖刻石 70 余处，

故而为“中国书法名山”。

青岛还有“双珠嵌云”的大珠山和小珠山，

“湛山清梵”的太平山与湛山，

可俯瞰青岛主城区全景的浮山，

旧时多山泉的青岛山，

文化名人聚居地小鱼山与八关山。

山海之间，融洽一体。

自然人文，各领风骚。

| 崂山 |

| 青岛老城风貌 |

城市风情读青岛

从人文地理和历史的角度看，

青岛存在一个内蕴深厚而独特的“青岛历史城区”，

其建筑艺术与自然环境融合无间。

仿佛以德式为根基，

但又有域外建筑的移植及民族建筑思潮的回归，亚欧文化交会成为青岛的禀赋。

不用说明朝古庙天后宫是岛上最悠久的建筑存在，

就连德国总督官邸西南角的塔楼，也俨如古代中国的宝塔，

而其西山墙檐口北端的龙雕像，

更是深刻集结着中国传统的建筑语言。

20 世纪 30 年代，

以回澜阁、水族馆、海滨生物研究所、海滨公园牌坊、湛山寺为代表的一批民族风格建筑，
以回归者的姿态出现在欧化城市内，
象征着中国传统建筑思潮在青岛的复兴，
造就了青岛中西合璧的城市景观，
建立了融合万方而又独树一帜的城市美学形象。
八大关是多种风格与多元文化交会的建筑艺术宝库，
古希腊式、罗马式、哥特式、文艺复兴式、拜占庭式、巴洛克式、洛可可式、田园式、新艺术式、折中主义式、国际式等风格皆有所见。
美感无限的建筑沉淀着历史，
动感十足的气息代表着当代。
青岛别具一种假日情调和梦幻色彩，
浸润着一派优雅、浪漫和时尚、动感共振的艺术禀赋。
人们常用“洗海澡，吃蛤蜊，喝啤酒”来

| 八方宾朋欢聚在青岛国际啤酒节 |

概括青岛的生活乐趣。

青岛分布着许多品质精良的天然海水浴场，

各色人等不分彼此一起在海水里恣意扑腾，

享受着“海阔凭鱼跃”的惬意。

美食是青岛的另一面。

青岛菜为鲁菜中胶东菜的代表，

带有浓郁的海洋特色，

又融入西餐烹饪方法和特点。

青岛海鲜菜品名目繁多，独树一帜，

如葱烧海参、蟹黄鱼翅、芙蓉鲜贝等。

最受大众欢迎的非“岛城第一鲜”蛤蜊莫属。

青岛渔家宴以鲜活海鲜和山中土特产为原料，洋溢着海洋气息和乡土味道。

青岛物华天宝，

共有胶州大白菜、崂山茶、胶南绿茶、大泽山葡萄、马家沟芹菜等18个国家地理标志产品。

而版本众多各有千秋的“青岛十大小吃”，

均是深受本地市民、

外地游人青睐的美味。

啤酒是青岛城市魅力的代名词，也是青岛的经典符号。
每年的青岛国际啤酒节，
来自八方的数百万宾客，
都会喝出一个普世狂欢的嘉年华。

咖啡作为舶来品，

20 世纪初已广泛出现在青岛的城市生活中，

如今青岛咖啡馆的密度位居全国第二。

大学路与鱼山路拐角处的红墙成为网红墙。

青岛被誉为恋人海誓山盟的圣地。

青岛是中国帆船运动的发祥地，
清光绪三十年德国人在青岛成立了帆船俱乐部并组织比赛，
这是在中国出现的第一个帆船俱乐部，
也是在中国出现最早的国际帆船比赛。

2008 年北京奥运会和残奥会帆船比赛在青岛举行，

一时间万国帆影会聚，激荡着昂扬的时代旋律。

青岛还是我国著名的足球城，

青岛人有着良好的足球禀赋。

2019 年，国家足球篮球学院在红岛高新区兴建。

青岛海上国际马拉松则是中国田径协会认证的最高级别赛事。

| 青岛奥帆中心 |

雄宏实力望青岛

青岛制造业历史悠久、根基深厚，
经历了百余年的发展历程，
建立了门类较为齐全的制造业体系，
形成了包括酿酒、饮料、纺织、橡胶、化工、机械制造等在内的一系列优势产业，
见证了中国民族工业崛起的历程。
创造了以青岛啤酒、海尔、海信、澳柯玛、双星“五朵金花”为代表的一大批国际知名品牌，
是我国著名的品牌之都。
面对新一轮科技创新和工业革命，
青岛顺势而为着力打造“青岛制造”升级版，
传统支柱产业向价值链中高端迈进。
以新兴产业为主导的先进制造业集群加速破题，
不断孕育新模式、新业态的互联网工业异军突起，
大数据、人工智能和实体经济日益趋于深度融合。
在全球制造业加速演进的大变局中，
青岛正在为这个伟大的时代交出一份优秀答卷。

| 青岛港 |

2019 年，中央赋予青岛打造“一带一路”
国际合作新平台的“国之重任”。
8 月 26 日，山东自贸试验区获批，
作为三大片区之一的青岛片区同时设立，
青岛再次站到了改革开放“最前排”，
奏响了新时代的“丝路交响”。
目前，青岛强力发起 15 个攻势，
立体、综合、全方位建设“开放、现代、活力、时尚”的国际大都市，

“投资青岛就是投资国家战略，就是投资国家未来”的共识已经达成，
青岛开始成为全球化时代新的投资热点。

青岛还是出“大国重器”的产业重镇，
“复兴号”从这里驶出，
北船重工与武船重工在这里会合，
汽车产业已成为青岛的支柱产业。
在全球坐标中，
青岛定位于国际海洋名城。
让多元文化、创新思想、智能科技在此聚合，
各个领域、各个角落繁衍出的时尚因子正跃跃欲动，
构筑起充满生机、开放包容、品质卓越的时尚之城。

风从海上来，
云帆逐浪开。
探究青岛，
远近高低各不同。
追寻青岛，
古往今来说不尽。

青岛将全力打造“一带一路”国际合作新平台、经贸合作先行区、国际财富管理中心、人文交流区域中心和国际海洋名城，为“一带一路”贡献最强劲青岛力量。

行走在淄博。。

齐国故都……，

陶琉名城……，

世界足球起源地……，

凤凰涅槃……！

| 齐都文化城 |

淄博在山东的位置

淄博市地图

南依泰山，北临黄河，
东望渤海，西闻泉城，
位处鲁中，
3000 年齐风流韵绵延，
5965 平方千米青山碧水尽妖娆。
淄博在世界文明屋脊上，
留下了千年行走痕迹，
谱写出今日璀璨篇章。

齐国故都

这里是“春秋五霸之首、
战国七雄之一”的齐国的故都，
齐文化的发祥地，
国家历史文化名城——临淄。
公元前 11 世纪，
姜太公封齐建国，
经齐桓公称霸、田氏代姜、稷下争鸣，
齐文化臻于鼎盛，
缔造了春秋战国时代的经济与文明巅峰。
延绵至秦汉，
齐文化深度融合于“罢黜百家，独尊儒术”
的大一统文化之中，
影响着中国社会的发展历程。

| 齐长城淄川段 |

历史以其如椽之笔，
将变革、开放、务实、包容的
古齐精神，
写入淄博的基因，
成为历代子孙恪守并为之骄傲
的文明精髓。

淄博作为齐国故都，
其大量遗迹、文物和成语典故展示着齐文化的源远流长。
临淄城作为齐国都城前后长达 800 余年，
是战国、秦汉时期中国最大、最富庶的工商业都市之一，
有“富冠海内，天下名都”“东方古罗马”等美誉。
齐长城是中国乃至世界最古老的长城，
比同时期其他诸侯建筑的长城早 200 多年。
跨河越谷，山险代墙，
齐长城主线和复线总长 618.9 千米。
淄川境内现存的齐长城主线全长约 40 千米，
主要位于西河镇、太和镇。
淄川的劈山齐长城保存较为完好，
是齐长城最好的代表，

也述说着 2000 年前孟姜女哭长城的故事。
遗迹觅踪，
齐国故城文物浩繁，有“地下博物馆”之称。
青铜方彝、牺尊、
金耳坠、兽形柄豆、
矩形龙纹大铜镜、青釉莲花尊等，
无不诉说着悠久而厚重的齐文化的魅力。
通过感受它们不一样的生命频率，
穿过岁月的长河，
遇见文物背后演绎的波澜壮阔和风霜雨雪。

百家争鸣之源，
世界文明奇观，
见证诸子百家的高端争锋。
位于齐都临淄城西南门“稷门”附近的“稷下学宫”，
创建于 2300 多年前的齐桓公田午时期，
兴盛于齐威王、宣王时期。
随秦灭齐而消亡，
历时 150 余年，
被誉为世界最早的官办高等学府和我国最早的社会科学院。
它开百家争鸣之先河，
倡导兼容并包、独立自由的学术精神，
促进了中华文化的发展。
它是博士制度的先声、学术大师的摇篮。
正如余秋雨先生所言：
经由稷下学宫，
中华文化成为一种“和而不同”的壮阔合力，
进入了世界文明史上极少数最优秀的文化之列。

稷下学宫与差不多同时出现在希腊的雅典学院堪称双璧，
它们是世界上最早的集高等教育与学术研究为一体的思想学术文化中心。

它们在世界的东、西方以相似的方式展现出人类早期文明的智慧之光，
于公元前 4 世纪“同时在东、西方压住了地球的分量”。
稷下学宫几乎云集了诸子百家的各个学派，

| 淄博齐王阁 |

囊括天下贤士多达千人，
包括孟子、荀子、邹衍、田骈、慎到、宋钘、兒（倪）说、田巴等。
这批学者聚集于稷下，
“各著书，言治乱之事”“不治而议论”，
围绕王霸、义利、天人、人性善恶等课题，
切磋驳难、争辩求知，
以觉醒的主体精神、积极的创造意识、敢为人先的理论勇气，
促成了稷下学宫学术的空前繁荣，
推动了整个中国先秦学术文化的大发展、大集成，
形成了道、儒、法、名、兵、农、阴阳、轻重诸家学派。
齐国统治者对稷下先生们的各种意见，
采取从善如流、平等相待的态度，
不但“皆命曰列大夫”，
还为他们“开第康庄之衢，高门大屋，尊宠之”。
稷下学宫所代表的独立自由精神，
是先贤们给我们的伟大馈赠，
在当今仍具有重要意义。

陶琉名城

穿梭时空的泱泱齐风，
流淌成“当代国窑”。
陶瓷乃泥土与烈焰的杰作，
是凝固的文化、艺术的精品，
精美的陶瓷中凝结着古人的匠心。
淄博是著名的陶瓷琉璃之乡、
中国“五大瓷都”之一。
历史悠久，源远流长，
其陶瓷的起源可追溯到新石器时代晚期。

大约 1 万年前，
在淄博沂源扁扁洞里一簇熊熊燃烧的火焰中，
黄土与清水相遇捏制而成的陶器正在高温下逐渐成形，
一个漫长悠久而又瑰丽奇幻的制陶故事由此开篇。
新石器时代的北辛文化、大汶口文化、龙山文化，夏商时期的岳石文化，
一系列文化遗存印证着淄博瓷器走过的深深足迹。
龙山文化的蛋壳陶，
黑如漆、薄如纸、明如镜、硬如瓷，
令人惊叹。
春秋时期临淄有制陶作坊，
魏晋南北朝时期，
淄川寨里窑就开始烧制青瓷。

这里完成了由陶至瓷的过渡，
成为当时中国北方唯一的青瓷产地。
保存于中国陶瓷馆的镇馆之宝——
国家一级文物北朝青釉莲花尊，
就产自寨里窑。
其造型优美，工艺复杂，享誉海内外。

| 北朝青瓷莲花尊 |

淄博唐代中期出产“茶叶末釉”，
宋金时期出产“雨点釉”，
风格独特，意趣高雅。
中华人民共和国成立后，
淄博陶瓷的深厚底蕴与潜质喷薄迸发，
淄博陶瓷在传统工艺的基础上，
继往开来，
日益成为当代国窑的代表。

值得一提的是上合青岛峰会上的
元首用瓷——“千峰翠色”华青瓷，
其坯体和釉面不加任何颜料和染色剂，
完全通过坯子在窑炉烧制过程中产生窑变
形成青色。
青青上合风，千峰翠色来。
晶莹朗润，清澈通透。
海岱相连，山水呼应。
雨过天青云破处，
这般颜色作何来。
2009 年，
淄博被中国陶瓷工业协会授予“淄博陶瓷
当代国窑”地域品牌。

珍珠玛瑙翠，

琥珀琉璃街。

琉璃古代写作“流离”，最早见于西汉桓宽的《监狱论》，

又称“壁琉璃”，见于东汉班固所著的《汉书·地理志》。

琉璃是壁琉璃的简称，

后来加上王旁，成为“琉璃”。

世界琉璃看中国，
中国琉璃看博山。
博山作为中国琉璃文化的发祥地，自古以来就是中国琉璃的重要产地。

鸡油黄、鸡肝石、松石绿等十几种名贵料器，

套料雕刻、吹制、灯工、脱蜡铸造、“鲁派”内画等几十种工艺，

在近千年不灭的炉火中代代相传。

中华人民共和国成立以来，从合作化到形成琉璃生产的专业大厂，

博山琉璃的工艺技术、产品门类又有了飞速发展，其产品销往世界五大洲四十多个国家和地区。

2010年9月，

中国轻工业联合会正式授予淄博博山“中国琉璃之乡”称号。

流光溢彩，

多彩的琉璃展现出梦想的瑰丽，

是淄博献给世人的艺术精品，

在新时代迸发出科技光芒。

| 荷塘月色（爱美琉璃）|

| 琉璃精品陈展 |

世界足球起源地

| 蹴鞠招式 |

这里是国际足联认定的世界足球起源地。
早在 2400 多年前的春秋时期，
这里便诞生了世界上
最古老的足球运动——蹴鞠。
之后不断向日本、高丽、法国、英国等世界各地传播，
凝聚了中华民族的智慧和创造。
当蹴鞠第一次在这片文化厚重的土地上翻滚时，
便擦出了耀眼的火花并迅速赢得喜爱。
当时齐国为增强士兵体能，提升军队战斗力，
让士兵每天在坑洼不平的场地上不知疲倦地竞相追逐蹴鞠。

而到了战国时期，
蹴鞠又现身民间。
据《史记·苏秦列传》记载，
齐国都城临淄“甚富而实，其民无不吹竽、鼓瑟……蹋鞠者”。
在汉代及之前使用的是四片和六片皮的鞠，
此时鞠还是实心的，
不能踢高。
唐代中期之后改进了制鞠工艺，
制成八片充气鞠。
女子也可以跟男子同场蹴鞠，
共同游乐。
唐代蹴鞠运动发展很快，在宋代达到极盛。

蹴鞠的历史在岁月中沉淀，
古老的热情延续千年。
2004 年 7 月 15 日，
国际足联确认“中国古代的蹴鞠就是足球的起源”。
习近平主席在 2015 年 10 月出访英国
和 2017 年 1 月访问国际奥委会时，
均将中国临淄的仿古蹴鞠作为国礼赠送。
2016 年 10 月，首届世界足球文化高峰论坛在淄博临淄成功举办。
此后，论坛由中英双方轮流主办。
现在的人们赋予了蹴鞠这一传统文化新的生命力。

临淄足球博物馆的开馆，
临淄蹴鞠表演队的成立，
蹴鞠文化的发掘与传承，
使人们仿佛能看到古都临淄的繁华，
如同蹴鞠在空中划过一道优美的弧线。

因为蹴鞠，
淄博以“足球起源地”的身份赢得了关注与尊重。
而淄博也正以更加自信的步伐走向世界。

凤凰涅槃

淄博南山北水，自然风光得天独厚。
景观之撼，一步一世界。
湖光山色，美如水墨画。
齐山守望，烟雾朦胧中四季匆匆。
层林染色，登顶眺望远处，藏着无限遐想。
天上银河，地下沂河。
临淄沂源县沂河两岸的织女洞与牛郎庙，
在青山绿水、锦绣风光间隔河相望，
诉说着古人对于坚贞爱情的赞美与向往。
故事传颂千年，风光依然未变，
承载着中国式的爱情礼赞。

走进蒲翁故里，
寻觅狐仙鬼怪出处，
料应厌作人间语，
爱听秋坟鬼唱诗。
淄博是清代著名文学家、
“世界短篇小说之王”
蒲松龄的故乡。
伴着半窗风雨与秋夜孤灯，
蒲松龄在此结庐设茶。
笔杆一挥，
写鬼写妖高人一等，
刺贪刺虐入骨三分。
《聊斋志异》这一璀璨的巨人巨作，
让淄博历史的长河波光粼粼，
让齐鲁文化更加博大厚重。
蒲松龄还根据淄川一带的古老民间俗曲，
创造了聊斋俚曲。
聊斋俚曲俗于化境，美臻极致。
如今在蒲松龄故居中，
依然能够感受到先人的浩然正气，
淄博处处仍然回响着蒲松龄的传奇。

如果说味道是对淄博美好的记忆，
那么要想吃好饭，就得围着博山转。
博山豆腐箱、酥锅、石蛤蟆水饺远近闻名，
而“天下第一村”周村也美食飘香文化流长，
周村烧饼薄如秋叶、形似满月。
冬日，食周村煮锅，围坐桌前，
任屋外雨雪纷飞，屋内却热气腾腾。
周村百年开埠之包容文化，笑迎八方来客。
走进那周村古城，
抬眼就是飒飒商幡。

| 周村古商城正门 |

这个绝版的古城曾在千年的农耕文明中，
开垦出一片商业的绿洲。
明末清初，
淄博周村便已成为商业重镇，
“桑植满田园，户户皆养蚕，步步闻机声，
家家织绸缎”，
与苏杭丝绸并美神州，
周村丝绸素有“金周村”“丝绸之乡”等美誉。
天下之货聚于此，商贾之盛甲天下，
更兼民风淳朴，俊杰辈出，人文蔚起，
乾隆南巡，御笔亲赐“天下第一村”。

周村也是我国北方唯一现存的商业城市旧址和无水路相通的全国四大旱码头之一。

几百年的历史沉淀，
让周村古商城成了
鲁商文化的起源地和中国活着的古商业街市博物馆群。
百年商埠传鲁商文化，
千年古城书新的传说。

看风华胜景，
恋乡土美食，
寻鲁商缘起，
建未来新城。
提起淄博，
那是响当当的老牌工业城市，
而今淄博这座有着千年工商业史、
百年近现代工业史的老工业城市，
更是迸发了蓬勃生机，
正着力打造全国新型工业化强市。
新材料、智能装备制造、新医药、电子信息，
成为新“四强”产业。
在广阔的平台、全新的生态中谱写着
淄博凤凰涅槃、加速崛起的新篇章。
一座城，品不完的历史风韵。
一座城，看不尽的山川如花。
齐风古韵，缔造灿烂文化。
雄俊山水，孕育千古风流。

| 淄博文化中心 |

**传承与时尚在这片土地上上演着不朽的传奇，
齐国故都、陶琉名城、世界足球起源地、
聊斋故里、现代化组群式大城市，
这就是淄博！**

枣庄是个什么庄？

庄从何来……………………………………，

冠绝千秋……………………………………，

热血国魂……………………………………！

庄园风情……………………………………，

兴达枣庄……………………………………。

若要将“枣庄”之名刨根问底，
“庄”之源，
既可以追溯到7300多年前的新石器时代，
也可以回望夏商周王朝部落之国林立的繁盛。
“庄”之大，
境内至今还保留着先秦时期众多古国旧邦。
作为中国古都城分布最密集的地区，
“庄”中有诸国，
国邦在“庄”内，
堪称华夏神州绝无仅有的“天下第一庄”。
“庄”称第一，
自然少不了冠绝千古的名人，
造车鼻祖奚仲，科圣墨子……
古来贤智通达，
至今璀璨夺目。
就在这个“庄”内，
铁道游击队的传奇故事经久不衰，
台儿庄血战的英雄史诗彪炳千秋。

还是这个“庄”，
寸土寸血，英雄辈出，
被誉为“中华民族扬威不屈之地”。
历史的追忆承载了枣庄昔日的辉煌，
现在的巨变延续着枣庄明天的光彩。
新枣庄，出发向未来。

枣庄市地图

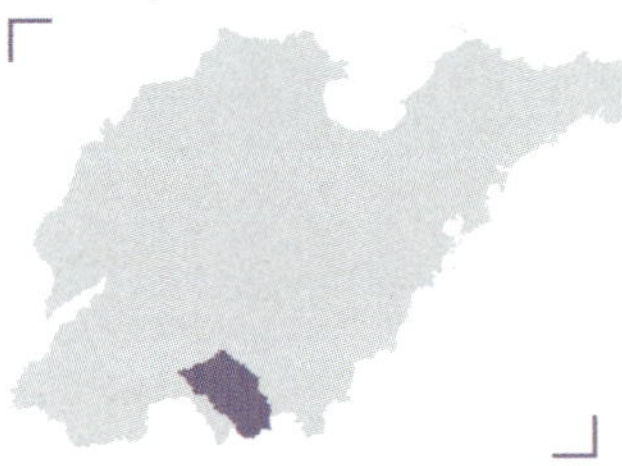

枣庄在山东的位置

庄从何来

从石器时代人类的足迹出现在枣庄，
到原始部落悄然转身为国家兴起，
枣庄成为竞相争夺的风水宝地。
《左传》载：“薛之皇祖奚仲居薛以为夏车正。”
早在夏王朝初起，
担任夏禹车正（国家交通大臣）的奚仲受封侯爵，
就在枣庄的滕州官桥镇和张汪镇一带立国为薛。
存世1500多年的薛国，
出了“战国四公子”之一的孟尝君。
除了好客喜士之外，
孟尝君还加固城墙，增筑薛城，
让薛国成为仅次于齐都临淄的战国大城，
乃至于“天下知有薛，不知有齐”。
薛国盛极一时，人人称颂。
现在所见的薛国旧址，
不过是一座方圆10平方千米的古城，
但那些风云际会的的历史，
和无数文化宝藏的光华，
并没有消逝在日月轮回之中。
商周以来，
滕、郲、倪、小郲、缯、逼阳、徐、邳等
纷纷在枣庄境内建国。
周公姬旦东征后封其弟错叔绣于滕而立国，

| 薛国故城外城墙遗址 |

出现了礼贤孟子而治国有方的滕文公。

春秋战国，诸侯烽烟四起。

弹指一挥间，小国兴亡一念。

当晋国率领多国联军兵临逼阳城下，
小小逼阳国的军民竟然鏖战二十九天，
誓死不降而成为历史佳话。
或许，这就是枣庄由来已久的英雄血脉。
岁月的无情流淌，
让枣庄之地
在历史的长河里搏浪而行。

冠绝千秋

枣庄名之为庄，

但古今历史上，

“庄民”们赫赫有名者大有人在。

是谁发明了世界上的第一辆车？

《左传》记载在夏禹时代，

枣庄人奚仲制造了世界第一辆车。

《说文》车字云：“车，舆轮之总名，夏后时奚仲所造。”

谁又是中国建筑工匠的鼻祖？

大名鼎鼎的鲁班也是正宗的枣庄人士。

木工师傅们所用的锯子、钻、刨子、铲子、曲尺、墨斗等工具，

就是枣庄境内小邾国的鲁班发明和创造的。

不仅木工工具，

鲁班还发明了云梯、钩强等作战兵器，

锁钥、石磨等实用工具。

和鲁班同是小邾国人，

据说墨子则是墨家学派创始人。

墨子是中国历史上唯一一个农民出身的哲学家，

他所创立的墨家学说与儒家并称“显学”。

早在战国时期，

墨子就创立了几何学、物理学、光学等一整套科学理论。

墨子还是中国历史上第一个从理性高度对待数学问题的科学家。

他给出了一系列数学概念的命题和定义，

这些命题和定义都具有高度的抽象性和严密性。

他关于物理学的研究，

涉及力学、光学、声学等分支，

给出了不少物理学的定义，并有不少重大的发现。

墨子对平面镜、凹面镜、凸面镜等进行了相当系统的研究，

得出了几何光学的一系列基本原理。
墨子精通手工技艺，还擅长防守城池。
他曾花费了三年的时间，
精心研制出一种能够飞行的木鸟，
成为我国古代风筝的创始人。
正是因为墨子的旷世奇才，
在当时的百家争鸣的学术环境下，
天下才有“非儒即墨”之说。
西汉经学家匡衡亦为枣庄英才，
少年读书“凿壁借光”的故事被世人广为称颂，
汉元帝时位至丞相。
匡衡治学博古通今，经学绝伦，
为官则直言进谏，刚直不阿。
匡衡解说《诗经》，
能使人眉头舒展、心情舒畅，
民间评价：“即说诗，匡衡来，匡说诗，解人颐。”
当代诗人贺敬之也是枣庄儿女的杰出代表，
他创作的歌曲《翻身道情》《南泥湾》，
歌剧《白毛女》，诗歌《回延安》，
依然传颂于街头巷尾。

| 鲁班发明的“木牛流马”中的流马 |

热血国魂

位于京杭大运河中心点的台儿庄，
早在两千多年前已是一座繁华的古水城，
但真正让台儿庄名扬海内外的，
却是一场血与火的洗礼——台儿庄大捷。
1937年日本侵略者相继占领南京、济南后，
为了迅速实现灭亡中国的侵略计划，
决定以南京、济南为基地沿津浦铁路夹击徐州。
台儿庄地处苏鲁交界，
北连津浦路，南接陇海线，
乃是南下徐州的最后一道屏障，
自古是南北漕运枢纽，
也是此次日军夹击徐州的首争之地，
战略位置十分重要。
一旦台儿庄失守，中华危矣！
一场中华儿女挽救民族危亡的血战在此展开。
在历时一个月的激战中，
中国军队约29万人参战，
毙伤日军约2万余人。
在没有坦克和平射炮支援的情况下，
中国军人与日军短兵相接展开肉搏战。
这一战，打击了日本侵略者的嚣张气焰，
歼灭了日军大量有生力量，
坚定了全国军民坚持抗战的信心，
同时也改变了国际上对中国抗战的悲观情绪，
成为中华民族全面抗战以来，
抗日战争战场上取得的最大胜利。
活跃在枣庄抗战一线的
“鲁南军区铁道大队”，
是赫赫有名的铁道游击队。
人员最多时达300余人，
隶属于我党的八路军“115师苏鲁支队”。
这支神奇的抗日武装队伍，
以枣庄薛城区为中心，
依靠群众开展游击战术，
就像钢刀插入敌胸膛，
打得鬼子魂飞胆丧，

奏响了民族救亡的最强音。
1945 年 8 月日本宣布投降，
时年 23 岁的铁道大队政委郑惕代表八路军受降。

1000 多名日军携带 8 挺重机枪、130 多挺轻机枪和两门山炮等轻重武器，
向一支不足百人的抗日游击武装投降，
在军事受降史上极为罕见。
枣庄作为铁道游击队的故乡，
彰显了赤诚报国、不怕牺牲的民族精神。

在抗战和解放战争战场上，
枣庄的英雄壮举和不朽光华数不胜数。
中共苏鲁边区临时特委 1935 年在枣庄成立，
鲁南人民抗日义勇总队、运河支队，
抗战的队伍在枣庄如雨后春笋纷纷出现。
解放战争战场上，
枣庄人民踊跃支前，
用小车推出了胜利的前奏。
从台儿庄到铁道游击队，
峥嵘岁月已成为过往，
但在枣庄的厚土青山上，
热血国魂的旗帜却依然高高飘扬。

| 铁道游击队纪念公园 |

庄园风情

枣庄的“庄园”风情，
山中有水，
水上有景。
运河古城同辉，
湖荷峰林共秀。
北方城市的豪放，
和江南水乡的秀雅，
在这里巧妙地糅合成独特的鲁南风情。
那座因战火而毁的台儿庄古城也重建如昔。
古邑中汪渠相连，水巷纵横，
居民筑台而居，是一座典雅的水城。

人称“超级天然氧吧”的抱犊崮国家森林公园，
是国内少有的天然杂木林森林公园。
作为华北寒武纪岩层发育和“崮”的代表，
抱犊崮雄、奇、秀、险皆具。

| 台儿庄古城 |

人称“江北第一湿地”的微山湖湿地，
万顷如火荷花怒放，
百里芦苇林立飘逸。
“庄”内耳濡目染的曲艺传说，
精彩纷呈，不可错过。
俗称拉魂腔的柳琴戏，
表演流畅自然，生动鲜活，
因主伴奏乐器为柳琴而得名，
是清代乾隆年间发源而起的曲种。
明末清初兴起的鼓儿词，
又称为枣庄小鼓，
唱词风趣幽默，诙谐简练，
是鲁南地区口头艺术的菁华。

有“九腔十八调”唱法的鲁南皮影戏，
在中国传统三大皮影戏流派中，
剧目保存数量最多，
演出场次最多，
被称赞为“中国皮影最具有活力的代表”。

| 微山湖红荷湿地 |

悠然的一天，
从清早一碗热气腾腾的羊肉汤开始，
舒适而开胃，
到中午色鲜味重的辣子鸡，
配上微山湖的咸鸭蛋，
再烧一尾枣庄特有的四鼻鲤鱼，
惬意而贴切，
简朴而不简单。

兴达枣庄

枣庄的强市富民之夙愿，
很早就开始演绎。
清末洋务运动以“自强”为口号，
因生产优质炼焦煤的枣庄，
在发展民族经济中首跨一步，
由富商、官僚和地主合资的“山东峄县中兴矿局”，
在光绪四年（1878年）筹集股银两万两而成立。
此后更名为中兴煤矿公司，
在20世纪30年代成为中国三大煤矿，
更是唯一“能与外煤竞争者”。
中兴煤矿公司的传奇还在于，
这是中国第一家民族股份制企业。
作为全国重要的能源基地，

枣庄今日早已胜过往昔，
以建设生态宜居的新枣庄为目标，
纵深推进资源枯竭型城市转型发展。
如今，这座能源型城市，
一改“一灰一黑”的煤城样貌，
绿水青山成为主色调。
新增各类绿地 973 公顷，
2000 多千米的环城绿道，
成为“中国森林体验基地”，
3000 多千米的绿色生态廊道纵贯城乡，
6 个国有林场和 15 个森林公园，
构筑了一道道绿色生态屏障。

昔日煤城变“绿城”，
山水园林城市构成一幅美丽的画卷。
今日枣庄，
在构建城市发展新格局的蓝图上，
互联互通的基础建设，
产业优势互补的推进，
城镇可持续发展的引领，
运河文化遗产的保护，
都在一一谋划和投入建设。
特色经济产业化，
产业发展规模化，
也都逐渐成为现实。
高质量的发展，
促使着枣庄动能的转换。
实施“智慧枣庄”策略，
通过产学研结合，
推动大数据在枣庄落地生根，
着力打造“数据强市”。
相信不远的将来，
枣庄不仅会成为资源型城市转型持续发展的示范，
更将会成为智慧城市和富裕文明之城。

这是一个冠绝古今的“庄”，
这是一个英雄永在的“庄”，
这也是一个传奇与传承割裂不了的“庄”，
这更是一个勃勃生机蓄势待发的“庄”。

枣庄的春天，枣花漫天。
枣庄的秋天，硕果累累。
红彤彤的枣子结满枝头，
金灿灿的枣庄正在阔步向前。

活力东营。

黄河入海口……………………………………，

石油工业城……………………………………，

国际湿地城……………………………………，

新　华　章……………………………………！

万里黄河从这里入海，
“奔流到海不复回”。
华八井像一只火炬，
穿透岁月的荣光与孤寂，
告诉我们这里诞生了一座石油之城。
41.58% 的湿地率，
使她成为名副其实的国际湿地城。
新世纪门深情地守卫着她，
开启她每一天逐梦的征程。

东营在山东的位置

东营市地图

她就是共和国最年轻的国土——东营！
这里河黄海蓝，泾渭分明！
这里白云苍苍，绿野茫茫！
这里生机勃勃，诗意盎然！

黄河入海口

汹涌澎湃的黄河带着青藏高原的气息，
黄土高原的泥沙，
华北平原的温润，
如同一条巨龙深入蔚蓝的大海。
历史上，黄河多次决堤、改道，
清咸丰五年（1855 年）六月，
黄河在今河南省境内决口改道东流，
穿过大运河夺大清河重由利津县入海，
现在的黄河下游河道基本形成。
在黄河入海口处，
由于黄河河门宽广，
水流因此变缓，

| 黄蓝交汇 |

不再翻腾咆哮，

黄河在这里显示出母性的温柔。

大海为迎接远道而来的黄河，

敞开了宽阔的胸膛，

与黄河紧紧相拥。

黄河水含沙量大，

在流入大海时受到海水的顶托，

延缓了泥沙的沉淀时间，

黄河水与海水一时难以完全相溶，

奇特的“黄蓝交汇”景观由此形成。

黄河水与海水的交汇处，
形成了一条明显的分界线，
这条线在宽广的海面上弯弯曲曲，绵延不断，
一直延伸到遥远的大海深处。

黄河携带大量泥沙滚滚东来，

孕育了神奇的黄河口新生湿地。

这是世界暖温带保存最完整、最典型、最年轻的新生湿地，

大量的芦苇、翅碱蓬、蒲草等植物在这里生长。

一望无际的芦苇荡，

一年四季都有迷人的风光。

春天，芦苇荡黄中泛绿，绿中带黄，像一幅油画。

夏天，植被茂盛，芦苇汇成千顷碧茵，似绿色的海洋。

秋天，大河两岸旷野苍苍，茫茫苇荡芦花如雪。

冬天，野兔嬉戏于沙洲之上，鸟群翱翔于白云之端。

金秋十月，

翅碱蓬红如火海、灿若朝霞，

给黄河入海口周边披上了艳丽的红装，

形成“万亩红毯”景观，

一望无际，浑然天成。

这里还生存着丹顶鹤、大天鹅、黑嘴鸥、

斑头雁等候鸟、旅鸟、留鸟，

因此这里也被喻为鸟类的“国际机场”。

鸟儿成群结队，

铺天盖地，

上下翻飞，

引吭高歌。

听湿地千鸟鸣翠，
观苇荡万鸟翔空，
尽显黄河口大美不言、
万物竞生不息的独特魅力。

为了保护这片美丽的土地，
20 世纪 90 年代，
山东黄河三角洲国家级自然公园应运而生，
通过落实一系列生态保护的有力措施，
黄河口湿地的生态系统得到有效保护，
生态环境明显改善，
动植物生存环境得到优化。
游人可以在黄河口生态旅游区内，
身临其境地感受河海交汇的魅力。

| 丹顶鹤 |

石油工业城

20 世纪 60 年代初，
位于黄河三角洲地区的广饶县东营村，
是一个坐落在一片荒碱地上的贫穷小村。
1961 年春天，
当石油开发的隆隆钻机声在东营村响起，
沉睡于小村地下的石油被唤醒了，
蕴藏了亿万年的地下能量喷薄而出，
揭开了黄河三角洲开发建设的新篇章！
开发胜利油田，不仅为国家的能源建设作出了巨大贡献，
也强力带动了油区经济的发展，
并促成了山东省地级城市——东营的诞生。
东营——这个当年贫穷小村的名字，
也伴随着这颗城市新星的冉冉升起而名扬四海！
20 世纪初，
美国美孚石油公司调查团在我国的西北、华北和东北地区进行石油勘探，
先后钻了 7 口井，但都没有发现石油，
于是他们得出了“中国众多的陆相沉积盆地很难形成油气”的结论。
但李四光等中国专家学者在深入研究中国地质特点之后，
提出了中国陆相沉积可以生成油气的观点，
同时，论证了华北平原是含油气远景的地区之一。
在这一理论的指引下，
从 1955 年起，
当时的地质部和石油工业部组织专家，
在华北平原展开石油地质普查和勘探工作。

| 营二井 |

1961 年 4 月 16 日，
华北石油勘探处 32120 钻井队，
在广饶县的东营村（现属东营区）完钻、
试油的华八井，
获日产 8.1 吨的工业油流，
胜利油田由此诞生。

1962 年 9 月 23 日，
营二井获日产 555 吨油流，
这是当时全国日产量最高的一口油井。
当时胜利油田的发现处于保密阶段，
为了纪念营二井创出全国最高日产量的这个日子，
胜利油田始称“九二三厂”。

| 海上石油钻井平台 |

胜利油田的开发建设史，

就是一部艰苦奋斗、无私奉献的创业史。

油田会战初期，

石油职工在“青天一顶、盐碱一片”的艰苦条件下，

住“地屋子”，吃野菜，喝湾塘咸水，

靠人拉肩扛建成了一个个大油田。

胜利油田职工不仅有以国家为重的主人翁意识、以苦为荣的奉献精神，

更有求实创新的科学态度、靠科技进步创造一流业绩的决心。

胜利油田在东营地区的开发建设，

得到了地方政府和油区人民的无私支援。

油田也在开发建设中努力带动和支持地方经济发展。

石油会战初期，正值“三年困难时期”，

油区人民在粮食非常紧张的情况下，

宁愿自己饿肚子，也千方百计保证石油职工的粮食定量。

20 世纪 60 年代中期到 80 年代初，

油区地方政府共调集 1400 多名职工，

从事为油田职工提供全方位社会生活服务的工作。

油田会战以来，

| 胜利油田采油作业平台 |

胜利油田始终坚持走开发建设油田与发展油区工农业相结合的道路，
陆续投资兴建了淄博至东营铁路、胜利黄河大桥、黄河海港、东营机场、
胜利发电厂和总长 2724 千米的主干公路、165 千米的海堤工程及总容量为 3.4 亿立方米的平原水库等，
并对黄河入海口进行了综合治理。
这些基础设施的巨大投入和建设，
不仅保证了油田生产建设的需要，
也极大促进了地方经济的发展，
为黄河三角洲纳入国家级区域开发战略创造了良好条件。
截至 2018 年年底，胜利油田累计生产原油 11.99 亿吨。

胜利油田的开发建设，
大幅提高了全国石油产量，
为中国跻身世界石油强国、
保障国家能源安全作出了重要贡献！

国际湿地城

阿联酋迪拜当地时间 2018 年 10 月 25 日，
在国际湿地公约第十三届缔约方大会全体会议上，
东营荣获全球首批“国际湿地城市”称号，
这是对东营充满湿地之美的褒奖激励，
也是对东营湿地保护成效的充分肯定。
东营是在黄河三角洲湿地上发展起来的城市，
湿地是东营最大的生态特色，
在多年的发展历程中，
东营的城市建设与湿地保护紧密相连。
今天的东营，
城市与湿地和谐相融，
人居环境优雅、自然，
湿地景观独特、迷人。

| 东营河口湖滨新区 |

东营有湿地面积 4567 平方千米，
约占山东省湿地面积的 1/4。
主要湿地类型为近海与海岸湿地、
河流湿地、湖泊湿地、沼泽湿地和人工湿地，
不同种类的湿地蓝绿交织、清新明亮。
湿地在城中、城在湿地中，
已成为东营的一大特色。
在城市建设中，
东营依托境内纵横的河流、密布的湖泊，
规划建设了多个湿地公园、湿地小区、湿地生态廊道、小微湿地精品，
通过实施水系改造提升等工程，
使城区的河流、湖泊、水库、公园贯通一体，
使一条条河流变成了怡人的花木长廊，
使一个个湖泊水库变成了美丽的公园。

把田园生活引入城市，
把各种鸟类留在城市，
让市民更好地走进湿地、亲近自然、享受生活。

新华章

黄河流域生态保护和高质量发展上升为重大国家战略，

东营作为黄河三角洲中心城市，

承担着重大历史使命，

迎来了前所未有的重大历史机遇。

相信随着黄河流域生态保护和高质量发展这一重大国家战略的深入实施，

东营必将发生新的嬗变，

书写出新时代高质量发展的新篇章。

欢迎

烟台可遇仙？

仙境鲜遇……………………………………，

不朽华章……………………………………，

开埠通达……………………………………，

经略海洋……………………………………！

仙境何处在？
恰遇在烟台。
仙家何处寻？
烟台总相逢。
烟台处于神奇的北纬 37 度线上，
230 个近海岛屿和 7 个天然海湾星罗棋布，
太多的仙境和仙人传说从这里萌生。
蓬莱仙阁今犹在，
八仙过海常耳闻。
太虚幻境栖霞见，
徐福故里有奇遇。
秦皇汉武东巡处，
海上仙山祥云驻。
帝王雄主痴迷不舍，
神仙眷留相邻而居。
如此仙境，
更有太多鲜美之物，
让烟台“仙”与“鲜”邂逅，
因“仙”品“鲜”，
由“鲜”而“仙”。
蓝色港城活力四射，
世界级码头让仙境联通世界。

经略海洋，
“智造”先声夺人，
纵深改革，
实力步步为赢。

名企名品名牌名产，
仙山仙海仙境仙人，
古老的神话传承崭新的发展，
鲜活的经济多元交融，
这就是山东半岛中心城市，
这里是国家历史文化名城，
这里还是全国五连冠文明城。

仙界方一日，
人间已百年。
仙境遇烟台，
青云正直上。

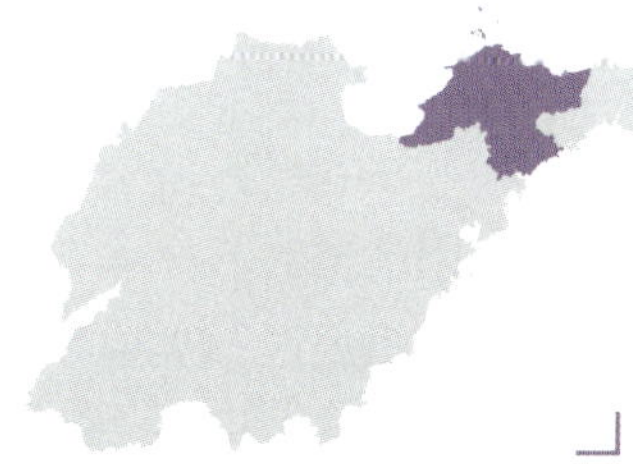

烟台在山东的位置

烟台市地图

仙境鲜遇

仙境海岸的烟台，
被看作是神仙往来之所，
帝王巡幸禁地。
如今仙境复当年，
烟台却不再森严神秘，
任何人都可到此一览仙境风情，
饱尝鲜活美食。
5A 级的蓬莱阁景区，
阁为中国四大名楼，
景是海天风月同览。
以神仙、精武、港口和海洋民俗四种文化为底蕴，
以山、海、城、阁为格局，
包含登州博物馆、古船博物馆、黄渤海分界坐标等 20 余处景点，
让你体味昔日帝王登临之万千气象。
如若此刻沏一杯烟台叶片肥厚的绿茶，
更有高阁怀古追远、赏清幽隽永之意境。
与蓬莱阁隔海相望的八仙渡，
犹如横卧在海上的宝葫芦，
正是八仙过海的旧址。
过海口直面苍茫大海，
远眺时隐时现的海岛翠峰，
疑闻仙乐飘飘，
又见海市奇观。
烟台的仙境，
总是和鲜食相携相伴，
给人味蕾和视界同等的美感。

徜徉在这等境界，
嚼几口脆生生的烟台苹果，
咽几口多汁如浆的莱阳梨，
凝神饮一杯张裕葡萄美酒，
仙果仙酒仿若当年八仙所品。

| 扒原壳鲍鱼 |

都能在这里找到归宿。
长岛还是动物的天堂。
成群结队的西太平洋斑海豹追逐嬉闹，
320 多种候鸟把这里当作必经驿站。
水质适宜，海风依依，
让长岛成为各类鲜美海货的特产地。
珍藻、奇鱼、刺参、盘鲍、扇贝、海胆，
多达 200 余种的海鲜，
可以尽情满足饕餮食货的胃口。
烟台除了散发仙气的海岛之外，
还有巍峨高耸的仙山。
道教圣地昆嵛山，
是全真教派、齐文化和古东夷文明
的发祥地。
山中烟霞洞，
石径回绕，
别有洞天，
全真宗师王重阳聚徒讲道于此。

以此为中心，
创立了道教重要的门派全真派。
全真祖庭、道教宗奉圣地神清观，
至今犹见潜心修炼者虔诚的身影。
昆嵛山同样是诸多神仙常来之地，
女神麻姑发迹于此，
东岳大帝之女流连于此。
昆嵛更有绝妙非常的“三圣山”。
儒教孔子作揖向天，
释门佛祖慈悲普渡，
道家老子正襟端坐，
多种宗教文化在这里融为一体，
道之自然、佛之平和、儒之仁礼相邻而安。
与昆嵛呼应的栖霞太虚宫，
同样是道家妙境，
规模宏大，建筑精美，
有东方道林之冠的美誉。
烟台下辖龙口市的卢山南山景区，

福
壽

则是佛寺和养生的不二胜境，
南山大佛慈祥目视众生，
南山禅寺、香水庵、灵源观、文峰塔、南山古文化苑等景点，
分属晋、唐、宋、元、明、清代遗迹。
各类禅寺、庵堂的厚重古朴，
海滨旅游区、高尔夫康乐区、疗养休闲区、文化教育区的现代时尚，
让南山的自然景观和底蕴丰厚的人文景观，
勾画出一幅“寿比南山”的人间美景。
素有“东方夏威夷”之美称的牟平区养马岛，
则是当年秦始皇战马嘶鸣和皇家养马的繁茂之岛。
岛上丘陵起伏，草木葱茏，
山光海色，秀丽如画。
海岛呈东北—西南走向，
地势南缓北陡，
岛前海面宽阔风平浪静，
岛后群礁嶙峋惊涛拍岸，
东端碧水金沙，西端水深浪小是天然良港。
这里同样是鲜美海鲜的集散地。
每当潮水退落，
一片乌油油的黑泥滩就会展露出来。
游客们可以和渔家女一起，
到这里赶小海、挖蛤蜊，
尽享怡然之乐。
东炮台海滨风景区，
集古迹遗址、国防教育于一体，
是中国北方保存完整的海防设施。
留恋美景之余，
更多美食新鲜爽口待你品尝。
烟台焖子浓香美味，
蓬莱小面劲道耐嚼，
盘丝饼、杠子头火烧、开花馒头、鲅鱼水饺，
处处透着一口鲜。

人在烟台，
游遍仙境，
吃遍鲜食。
“仙”与“鲜”，
一起成为烟台的特殊味道。

不朽华章

仙境海岸，
钟灵毓秀，
地灵人杰。
烟台古今人才济济，
英才荟萃。
方士先驱徐福、
算盘创造者徐岳、
长春真人丘处机、
抗倭名将戚继光、
“甲骨文之父”的王懿荣、
张裕葡萄酒创办人张弼士、
辛亥革命先驱徐镜心、
传奇英雄杨子荣、
文坛泰斗冰心……
烟台的英才数不胜数。
烟台成千上万的其他儿女，
同样用最杰出的贡献和热血，
表达出中华儿女的勇敢与不屈。
1920 年李大钊成立马克思学说研究会时，
烟台就秘密创办了读书会传播马克思主义。
1924 年，烟台中共党小组正式成立。
抗战时期，
中共在烟台成立的各级组织，
相继发起天福山、威海等一系列武装起义，
组织了多次战斗。
抗战最艰苦的年月，
以烟台为主体的胶东地区，
向党中央秘密赠送 13 万两黄金。
1945 年，烟台又成为八路军在全国解放最早、规模最大的城市。
解放战争年代，
烟台 50 万人参军，280 万人支前，
为民族独立和解放事业付出了巨大的牺牲。

英雄代代相传，
丰功世世歌颂。
烟台儿女，
又开始在新时代讲述新的传奇。

| 庆祝烟台解放 |

軍民魚水情

开埠通达

地处山东半岛中部的烟台，
还是拱卫首都北京的海上门户。
芝罘区有一座小山，
名为烟台山，
烟台之名就源起于此。
烟台山修筑了狼烟墩台，
扼守海防，
拱卫京师。
明代倭寇祸乱，
这里也是抗击外寇的一线。
特殊的地理位置，
不仅让烟台成为军事防御重地，
还使她成为四海通达的商贸良港。
清末西方列强瓜分中国，
英法两国把烟台看作绝佳重镇。
按照咸丰年间所签署的《天津条约》，
清政府将烟台开放为通商口岸，
这也标志着近代以来山东第一个开放口岸的诞生，
英法美等17个西方列强在烟台设立领事馆。
烟台开埠，
标志着烟台半殖民化的开始。
而从商业贸易角度来讲，
烟台开始向现代商埠城市转变。
凭借自然地理优势，
烟台成为沿海重要贸易中心。

| 位于烟台山下海岸街的烟台大清邮政总局原址 |

**尤为值得一提的是，
中国邮政的先声，
正是从烟台发出。
清同治七年，
烟台海关设立邮务办事处，
这是中国近代邮政的萌芽。**

清光绪四年（1878 年），
烟台和北京、天津等一起成为朝廷设立书信局（后称邮局）的城市，
办理邮政，收寄信件，
政府办理邮政事务由此开端。
中国海关发行的第一套邮票——
“大龙邮票”，
烟台便是首发地之一。
开埠久远的烟台，
其实早在夏商周时期，
就有渔业、盐业的流通。

当时的莱夷人，
掌握了航海和造船技术，
沿着海岛逐岛交易。
从胶东半岛到辽东半岛，
继而抵达朝鲜半岛以及日本，
形成了最早通向海外的航线“登州水道”。
贸易和文化交流就这样兴盛起来，
陶制的器皿、农作物的种子，
以及后来的瓷器，
从烟台运到了朝鲜、日本，
一条海上“陶瓷之路”就此开辟。

| 烟台租界图 |

SPM
40.5t
烟台国际码头
Yantai International Container Terminals Ltd

| 保税港区国际集装箱码头 |

秦汉之后，
丝绸的贸易，造船的日臻完善，
使烟台愈发成为商业重镇。
唐时期，
日本 13 次派遣使者入唐，
史料记载首次是从芝罘登岸。
宋代朝廷遣使朝鲜，
芝罘也是离岸之地。
作为东方海上丝绸之路的起航处，
烟台历经风霜雨雪。
新时代的烟台港，
贸易通达之远，
货物运输之多，
足以告慰前人先贤。

与日韩一衣带水，
和辽东半岛隔渤海相望。
烟台的蓝色港城日新月异。
国际化港口城市和航运大市的繁忙，
在这里随处可见。

以往的粗放型海港正在转变为物流型港口，
港口吞吐量实现爆发式增长，
从突破一亿吨到突破三亿吨、四亿吨……
烟台港的国际影响力明显提升。
烟台港“一港十区”的总体格局下，
八个港区成为国家一类开放口岸，
70 多个国家和地区的港口与烟台直接通航，
30 万吨级的世界级码头拔地而起。
今非昔比，
当年烟台开埠之境遇唏嘘可叹，
今日烟台港城之恢弘大兴可期。

经略海洋

烟台工业，
源起久远。
从 19 世纪末起，
中国最早的葡萄酒厂，
中国第一家机械制表厂，
中国第一家弹子锁厂，
诞生了诸多“中国之最”。

随着商贸的兴旺，
纺织、电力、食品、机械、化工，
黄金、建材、药品、船舶、橡胶，
烟台的工业体系逐步完善兴盛。
面朝大海，
经略海洋，
烟台的成就从海洋而生，

| 仙境海岸——烟台山全景图 |

因海洋而强。

转型升级的这座海港之城，

工业向集群化、高端化迈进，

海洋经济、海洋牧场发展迅速，

创新能力让高新技术产业产值占工业产值

比重达到 46.7%。

改革开放纵深推进，

烟台以国家首批沿海开放城市的红利，

培强主导产业，打造制造业强市，

建立海洋经济大市、

世界港口和现代海洋产业体系，

谋划提升现代化国际海滨城市发展水平，

让仙境海岸新姿勃发，

让动能转换时不我待。

仙境里的烟台，

鲜活而鲜美。

把古老神话中传颂的

仙界福地，

建设成为

人间乐土的所有烟台人，

不也正是记录时代、随处可遇

的仙人吗？

青天之上找潍坊？

潍坊在山东的位置

潍坊市地图

潍坊一处览日月，
等闲平步上青天。
潍坊的故事，
似乎总和青天相依相恋。
天下始封九州，
潍坊的青州就名列其中。
东方主春主木，
故而曰青。
青州望天，
云淡风轻。
正是“海岱惟青州”的美誉，
成就了中华璀璨史篇中最华丽的惊鸿一瞥。
有着“鸢都”美称的潍坊，
总是把美好的希冀，
对生活的热爱，
以及瑰丽的梦想，
借风筝的翅膀，
飞到青天之上，
和白云对话，
与日月私语。
古老的风俗和现代的浪漫，
幻化成为青天云端一往无前的志向。
挟悠久的灿烂而来，
随时代的浪潮而起，
潍坊用全新的标签，
赋予历史崭新的一页。

始终仰望青天的潍坊，
欲在青天之上，
和风筝一起翩飞，
做新时代最傲娇的云天舞者。

古郡名州

潍坊之潍，
源起潍水。
《水经》谓“潍水导源潍山”。
潍河流域是古老东夷文化最发达的地区。
东夷指从后李文化而起，
历经北辛文化、大汶口文化、龙山文化、岳石文化的承载者。
作为华夏文明重要源头之一，
东夷文化自新石器时代开始一直到西周中期结束，
在亚洲古文化中都处于重要地位。
后李文化时期，
潍河流域已经是东夷文化早期的密集活动区域。
潍坊所辖的青州、临朐相继发现了北辛文化的遗迹，
北辛文化，
是大汶口文化的源头和后李文化的继承者，
北辛文化时期的原始居民已经开始过上定居的生活。
一批以泥质红陶为主的彩绘陶器在青州出土，
说明大汶口文化时期，
制陶手工业进入兴盛阶段。
出土于4000多年前的龙山文化时期和3000多年前的岳石文化时期的文物，
更是把东夷文化展示得淋漓尽致。
古之九州的青州、古密州和潍县，
则又构筑了潍坊的又一个历史周期。
天下九州，正东向阳为青州。
青州是历史上存在时间最长的一座古城。
1500多年来，
青州自建成后，历代不断修缮加固，
下辖建于西汉的广县城，
建于西晋的广固城，
建于东晋的东阳城，
建于北魏的南阳城，
目前青州古遗址、古墓葬、古建筑等文化遗产共906处，
是国务院认定的国家历史文化名城。
始于隋朝的密州，
治所在今天的诸城境内，
也是名噪一时的天下名府。
存在800多年的密州府，
隋起而历经唐宋金元，
苏东坡在此修建超然台，
《清明上河图》作者张择端生于斯长于斯，
更因出土了世界上最大的鸭嘴龙化石，
被称为“中国龙城”。
从明洪武年间潍州降为潍县到1983年撤销，
潍县存在了600多年。
任职潍县知县的郑板桥，
以“衙斋卧听萧萧竹，疑是民间疾苦声”的情怀，
倡捐大修潍县县城。
明末清初，
清军三千铁骑、万余步兵围攻，
县城长达三月不破，
留有“潍县石城可抵十万雄兵”的美誉。
由于有坚固的城墙固守，
每年雨季，
再大的洪水也无法漫入城内，
奇迹般地从古至今护佑了一方百姓的安全。

| 青州古城南门——阜财门 |

从古老的东夷文化中心到天下古郡名州，
历经沧桑的潍坊，
依然是东方青云之城，
屹而不倒，
兴而不败，
在今日愈发显露出时代鲜亮的光彩。

鸢都百艺

潍水春来绿映红，
青天彩鸢逐白云。
潍坊和青天的约定，
一定是以每年春日的国际风筝会而起。
风筝是发明于东周春秋时期的产物，
至今已 2000 多年。

相传“墨子为木鸢，三年而成，蜚一日而败”，后来，鲁班用竹子改进风筝材质做成多线风筝。
早期用于飞越险阻传递军事信息的风筝，随着时间迁移，逐渐成为劳动人民喜闻乐见的一种游戏。

潍坊的风筝制作技艺历史久远，
向来享有“鸢都”的美称。
鸢即风筝，
如今早已是潍坊的城市象征。

潍坊风筝选材讲究，扎纸精巧，绘画绝妙，造型优美。
潍坊风筝题材广泛，
涵盖了飞禽走兽、花鸟鱼虫、器物图形、神话历史，
品类之繁多，工艺之巧妙，
蔚为大观。
艺术的沉淀，
让潍坊拥有了大量的风筝世家和流派。
传统民间派、传统艺匠派、现代创新派，
各派风起云涌。
板式风筝、硬翅风筝、串式风筝、软翅风筝、
立体风筝、动态风筝，
种类目不暇接。
陈家、张家、唐家、杨家、郭家、胡家、韩家、
孙家，

名家人才辈出。

每年清明节的国际风筝会，

青天骄阳，风筝齐飞，

成为潍坊广交天下朋友的大舞台。

潍坊国际风筝会带动了潍坊的会展产业，

更因为举办早，坚持时间长，社会经济效益好，

成为国际性、综合性的重大节会。

小小的风筝，

也是友好的使者，

帮助潍坊同110多个国家和地区建立经贸、文化交流关系。

鸢都除风筝之外，

更有手工业之乡的美赞。

“二百只红炉，

三千砸铜匠，

九千绣花女，

十万织布机”，

明清时期，

潍坊便有此百艺共存、争奇斗艳之景象。

更早的历史上，

潍坊的艺术就名扬天下。

潍坊的墓葬绘画和画像石刻技艺，

早在汉代就集浅浮雕、高浮雕、透雕、阴刻等多种技法于一体。

青州龙兴寺内的佛教造像，

包括了北魏、东魏、北齐、隋、唐、宋不同时期的佛教造像，

浮雕、镂雕、线刻、贴金、彩绘多种技法熟练运用，

极高的艺术水准让人赞叹叫绝。

青州驼山的崖壁上，

638尊大小佛像不仅庄严端庄，神态各异，

还透露出潍坊曾经是佛教兴盛一时的净土。

临朐县的沂山东镇碑林，

是古代帝王礼祭东岳时对沂山诏封祭告的场所。

隋唐宋元明清延续拜祭立碑，

古碑众多形成了“碑林”。

其中有皇帝御碑十六通，

碑文中诏旨、祭文、诗词、歌赋、题词各类文体皆有，

| 龙兴寺全景 |

正、草、篆、隶、行等字体同在。

潍坊十笏园则是北方园林工艺最杰出的代表，

此处曾为明代嘉靖年间刑部郎中胡邦佐的旧居，

虽占地不过十个板笏大小，

却集中国南北园林建筑之艺术大成。

潍坊杨家埠的木版年画源起汉代，

和绵竹、桃花坞、杨柳青并称为“年画四大家”。

列入世界非物质文化遗产名录的古琴，

在潍坊的诸城以“琅琊派古琴”而雅乐千古。

《长门怨》《秋风词》《关山月》等诸城独有的琴曲，

让诸城成为古琴名家礼敬有加的胜地。

古琴演奏史传留存的诸城派别，

曾有“诸城二王”“琅琊三王”等名家。

高密的剪纸艺术，

用剪纸剪出人世的欢快喜庆。

高密的茂腔哀怨凄婉，

更是勾勒出喜怒哀乐的众生百态。

星光闪烁

潍坊的青天上空，
闪烁着诸多英才俊杰的星光。
远古的造字圣人仓颉和先古圣君虞舜，
传说就是潍坊人士。
北魏著名农学家贾思勰，
生于潍坊所辖的寿光。
农学巨著《齐民要术》，
全面总结了秦汉以来黄河流域的农业技术。
为政青州的北宋大家范仲淹，
因治瘟救民于水深火热，
所留的“范公亭”“范公井”，
至今成为潍坊人追思其德、感怀其恩的载体。
同为北宋名家的苏轼也曾在密州为官，
一座在北魏土台上修筑而起的“超然台”，

成为苏轼“游于物外”超然快乐的游憩之地，
也是后人追忆东坡的著名景区。
正是在高密任上，
苏东坡创作了诗词文章 230 篇，
形成了后人皆知的豪放词派词风。
女中豪杰、文坛巨匠李清照，
和夫君赵明诚在青州居住达 10 年之久。
“红藕香残玉簟秋，轻解罗裳，独上兰舟”
便是创作于此。
曾是潍县知县的郑板桥，
开仓赈灾，疏浚河道，爱民惜民，
吟出“一枝一叶总关情”之佳句。

晚清中国最杰出的金石学家和古文字学家陈介祺，以潍坊人的干练和严谨，
花十年之功著成《十钟山房印举》，被金石和印学两界誉为“印学之宗”。
出生于潍坊或在潍坊驻留过的历代名人数不胜数：
春秋晏婴、东汉郑玄、东晋王猛、南唐韩熙载、元代于钦、清代刘墉……
中国共产党创始人之一王尽美、当代诗人臧克家、诺贝尔文学奖得主莫言都是潍坊人士。

青空闪烁的星光，
似潍坊先贤数不尽，
人才煌煌如照。

| 范公亭公园 |

地质奇景

险峰看青天，
天人终合一。
群山高耸入云，
丛林荒野成景。
潍坊的地质景观，
神形皆备，各有妙境。
有“大海东来第一山”之称的沂山，
古称海岱，
曾居中国五大镇山之首。
相传黄帝登临沂山，舜肇州封山，
后有汉武帝亲临其下，令礼官祀之。
造访沂山的帝王达十六位之多，
大家名士更是留下诸多诗章名句。
与人文相比，
沂山的自然地质风貌同样引人入胜。
奇峰怪石，险奇秀幽，
法云寺、玉皇顶、狮子崮点缀其间，
更有“江北瀑布之冠”的百丈崖瀑布昼夜生雷。
以岩溶地貌为特色的青州国家地质公园，
涵盖古生物化石、地质剖面、水体景观等多种地质遗迹类型。
更有名家镌刻于山石的书法诗词，
让这里成为地质奇貌和人文精华俱佳的胜境妙所。
潍坊另一处的山旺国家地质公园，
则是一座古生物化石天然博物馆。
这里保存着 1800 万年前的古生物化石，
种类多达 10 多个门类和 700 多个种属。

**尤其“山旺山东鸟”是我国第一件保存完整的鸟类化石，
被称为“中国第一鸟”。
山旺的古生物化石不仅种类多，
而且保存完整，印痕清晰，
堪称“万卷石史，国之瑰宝”。**

潍坊昌乐县的昌乐火山国家地质公园，
是一处以火山地貌和蓝宝石原生矿床为主题，
涵盖火山遗迹景观、古生物化石、地质构造形迹和水体景观的综合地质公园。
1800 万年前，
昌乐境内发生了三次大规模的火山喷发，
形成了以古火山地貌为特征的地质群落，
还孕育了稀世珍宝蓝宝石。
现有 84 座古火山具备较高观赏和开发价值。
诸城恐龙国家地质公园密集分布着恐龙化石，
有全球最高大的鸭嘴龙，
中国最大的肉食暴龙。
多达七层的化石层叠区，
再现了白垩纪晚期群龙争霸的恢宏场景，
是目前世界上规模最大的恐龙化石群。
白浪河国家湿地公园以及滨海盐田，
又是湿地和盐田的地质风情景观。
生态完整的湿地让人如在画中游，
高浓度的卤水盐田让这里成为重要的海盐产地。
不同的地质奇观奇景奇遇，
千姿百态的大自然鬼斧神工，
让潍坊的地质大观名不虚传。

| 诸城恐龙世界 |

青天梦想

清光绪二十七年（1901 年），德国的山东煤矿公司在潍坊坊子开了第一口煤井，
次年，胶济铁路在坊子古镇首秀。
德日相继霸占山东，
潍坊工业发展和交通设施建设开始起步。
这是一段惨痛的屈辱历史，
潍坊的民族工业却要从这里说起。
有着手工业悠久历史的潍坊，
在鸦片战争之后的苦难岁月里，
被德美英日相继霸占。
殖民者为掠夺资源修建铁路，开发煤矿，
让国外的生产技术和商品传入潍坊，
纺织、机械、化工、医药、电力等行业逐渐兴起。
1920 年，潍县创办的华丰机器厂，
成为民族资本主义工业起步的标志。
华丰机器厂生产的低速柴油机，
曾远销海外。
中华人民共和国成立和改革开放以来，
潍坊工业一飞上青天。
全市营收过百亿元的企业有 10 多家，
制造业产品涵盖 108 个种类的 5000 多个品种，
销往 150 多个国家和地区，
微型麦克风、蓝牙耳机、3D 眼镜的销量更是居世界之首。
走过“改革突围、创新驱动、全球视野”开拓者历程的潍坊，
迎来了以营收 2600 多亿元的潍柴集团为代表的骨干企业，
让潍坊果真成为青天之上的未来之城。

如今，
潍坊新旧能转换全面起势，
改革开放持续深化，
环境生态持续改善，
科技创新显著增强，
航空、铁路、海运、公路多点开花，
以制造业为突破口、改革创新为引领，
产业发展的内生动力全面增强。
建设人民满意的城市，
用绣花功夫管理城市，
让潍坊明天的丰采神韵更上一层楼，
已成为潍坊上下共同的追求。

青天之上，
可以看更高望更远。
高比天更高，
远比云更远。
地灵人杰的潍坊，
正如鸢都盛产的风筝，
始终保持飞翔的姿态，
舞动青天，
引领风潮。

朝圣去济宁？

一座济宁城，
到处出圣人。
一条大运河，
波生好文章。
中华民族得以孜孜不息，绵绵不绝，
正是因孝礼先祖、德法先贤的笃信而延续至今。
所传颂的圣人，
所传承的经典，
所遵循的仁德，
十之六七出自济宁。

“圣城”济宁，
山水胜境无一处不是圣人所至，
往返其间抚今追昔，
便生见贤思齐之意。
人文经典无一字不是圣人所留，
端读其书发人深思，
常念德厚流光之情。
在济宁，
厚重的文化，
如画的山水，
古老的神韵，

济宁在山东的位置

济宁市地图

让圣迹可觅，根脉可寻，
美景可赏，美食可啖。
物华天下，朝圣济宁，
不亦乐乎？

圣从何来

| 运河之都 |

鲁地西南，
城名济宁。
圣人显之，
文典出之。
若要问圣从何来，
上溯可至中华文明的源起。
济宁的始祖文化，
所涉先圣之多之广甚为罕见。
以三皇五帝为代表的中华人文始祖，
早在原始社会晚期，
就留有在济宁生活的记录。
太昊伏羲氏的母族华胥氏，
其出生繁衍地华胥池便是今日泗水县的华村水库周边。
三皇五帝之后，
济宁出现了以孔子为代表的众多儒家圣人。
作为世界上历史最悠久、体系最完善、
活力最旺盛的文化形态之一，

一时之间，
济宁成为繁华的运河之城，
被誉为“江北小苏州”。
尤其到了清代由于山东河道总督衙门设于此，
济宁成为运河沿线的重要政治中心，
并发展为全国工商业大城市。

圣人的辈出和运河的承载之外，
在文学的世界里，
济宁也是人们向往的一处胜地。
北宋末年梁山爆发的宋江起义，
衍生成为一部文学巨著《水浒传》。
水浒文化从此作为济宁多元文化的组成部分，
成就了济宁因水浒文化遗留和生成的各种物化形态。
梁山县作为梁山所在地，
既存有各类遗址，习武风俗又源远流长，
水浒故事让这里成为水浒文化的原生地。
多种文化之“圣”，
绵延不绝，光大发扬，
让济宁不仅毫无争议地成为“圣贤之乡”，
更让其成为“圣文化”经久不衰的繁茂高地。

儒家文化源起济宁，光大于济宁。
京杭大运河济宁段，
要从公元前 482 年的周敬王时期算起。
吴王夫差开凿了连接济水和泗水的运河，
让济宁的运河文化开始萌芽。
到元至元二十年（1283 年）济宁运河贯通京杭成为交通要道，
不仅传播了博大精深的厚重文化，
也赋予了这座古城交融天下的便利。

圣人故里

**济宁的圣人名人，
从古至今人才辈出。
甚至被称颂为“至圣”的孔夫子，
其辈分和地位在济宁还不能坐
“头把交椅”。**

| 孔子像 |

“至圣”之前还有“元圣”周公。
周公姬旦是文王之子武王之弟成王之叔，
西周灭商赢天下，周公分封于鲁，
曲阜便是鲁的中心。
周公不遗余力辅佐成王，
亲力亲为营造洛都，
挂帅东征消灭叛乱，
礼乐纲纪治国理政，
以其贤达成为孔子偶像，
更为中华文明留下璀璨的文化瑰宝，
故谓之为“圣文化”的元始之尊。
出生于济宁的孔子则自幼尚礼，
15 岁立志为学求教于世，
30 岁创办私学传授“六艺”。
孔子是当时社会上最博学者之一，是中国最伟大的思想家、教育家。
同在儒家学派的孟子也出生于济宁，
上承孔子、子思之学，
被后世称为“亚圣”。
13 岁拜孔子为师并终生师侍之的颜回，
素以德行著称，“敏于事而慎于言”。
他终生所向往的，
就是“君臣一心，上下和睦，丰衣足食，
老少康健，四方咸服，天下安宁”的无战争、
无饥饿的理想社会。

| 邹城孟庙、孟府 |

大成至聖

星門
经营
胶卷电池
出租像机
数码照像

儒
全国重点文物保护单位
孟廟 孟府
中华人民共和国国务院
一九八八年一月十三日公布
山东省人民政府立

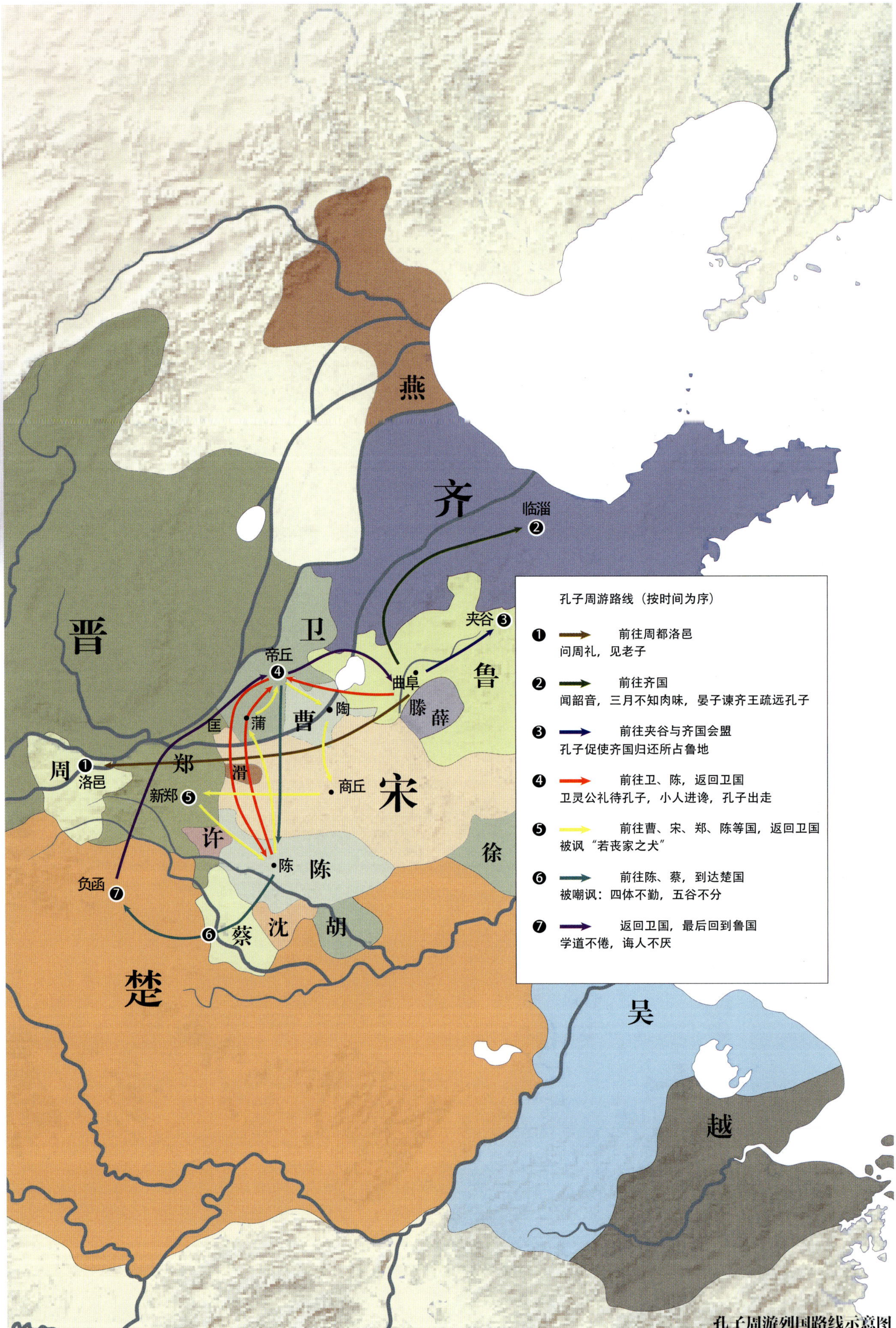

孔子周游列国路线示意图

他是孔门七十二贤之首，谓为“复圣”。

孔子晚年弟子曾子也是济宁人士（一说平邑人），

被称为“宗圣”，

倡导“修齐治平”的政治观，

“内省慎独”的修养观，

“以孝为本”的孝道观，

至今仍有极其宝贵的社会意义和实用价值。

孔子的嫡孙孔伋，字子思，

受教于孔子的高足曾子，

在孔孟“道统”的传承中具有重要地位，

后人由此而尊他为“述圣”。

从远古的三皇五帝，

到孔子而后的圣人，

再到济宁的其他名人，都有“圣”之精神。

商纣王兄长微子启乃周宋开国之祖，

至今墓地犹在济宁。

三迁择邻教子的孟母，

坐怀不乱的柳下惠，

古代军事家曹刿，

写《左传》《国语》的左丘明，

鲁国名相季文子，

《数书九章》作者秦九韶，

五代后梁军事家王彦章，

明代水利家白英，

古典剧作家孔尚任……

光彩闪烁的济宁名人，

如同苍穹之繁星数不胜数。

而这些圣贤之人，

留给后世的典籍经卷更是闪耀夺目。

《春秋公羊解诂》《老子注》《老子指略》《周易注》《周易略例》《论语释疑》《三十六计》等皆为圣人故里的煌煌大作。

济宁还是成语之乡，

格物致知、君子慎独、心不在焉、不耻下问……

数百条脍炙人口的成语，

让济宁的圣人故里、文化之乡之美名，

更加名至实归、名声大振、名不虚传！

圣迹揽胜

寻觅先圣踏勘留存之所踪，
感受圣贤名篇典籍之要义。
至今犹存的众多圣迹和山水胜境，
值得你寻觅品位。
济宁市现存最早的庙宇建筑伏羲庙，
背依凤凰山，面朝独山湖。
青山碧野，流水潺潺。

位于济宁市汶上县城西北隅的宝相寺，
始建于北魏，
被称为“北朝最初名胜，东土第一道场”。

兖州区的兴隆塔为八角楼阁式砖塔，
远观就像一座小塔置于大塔之上，
形成了“塔上塔”的独特风格。
包括邹城市葛山摩崖石刻、尖山摩崖石刻、铁山摩崖石刻、岗山摩崖石刻在内的四山摩崖石刻，
是全国重要的佛教石刻之一，
丰富了佛教传播的形式，
成为佛教史上的一种文化现象，
是研究中国宗教文化极为罕见的资料。
济宁还有“天下汉碑半济宁”之说。
境内所存汉碑达 38 种之多，
是历史、文学和书法艺术的瑰宝。
俗称“九女堌堆”或“九米堌堆”的汉任城王陵，
是光武帝刘秀之孙、东汉任城王刘尚的家族墓地，
该陵墓规模宏伟、结构独特，
是了解汉代诸侯文化、实景感受古代王侯生活的地下宫殿。
济宁还有汉鲁王墓、明鲁王墓，
汉明两代鲁王墓相邻，
也是少有的文化遗址。

| 宝相寺 |

京杭大运河济宁段，
则是一段依然鲜活的历史，
站立河畔，水运码头昔日的繁华恍在眼前。
唐代贺兰氏经营过的太白楼，
至今保存有李白的手书。
圣迹名人的文化遗址之外，
山水之美则是济宁的另一种风情。
古代九大历史文化名山之一的峄山，
自然景观优美奇特，
素有“岱南奇观”“邹鲁秀灵”之赞，
谓之为“齐鲁名山归岱峄”。
孔子、孟子、秦始皇、李斯、司马迁、华佗、
李白、杜甫、苏东坡、王安石、欧阳修、
黄庭坚、董其昌、郑板桥等，都曾登临峄山。
峄山留存至今的300多处著名的摩崖刻石
和碑碣，
都来自大文豪和名家之手。
风光旖旎的微山湖，
芦苇、荷花、岛屿相依，
古镇、湖鲜、渔村作伴，
清新自然，风景宜人。
造形雅朴、雕饰精美的卞桥，
是山东省现存最古老的桥梁，
尤以“卞桥双月”景致最胜。

圣域风情

济宁圣人所在的地域，
既有过去的辉煌，
也有依旧鲜活的文化传承，
还有不同于别处的习俗、美食。
鲁西南鼓吹乐，
以唢呐为主奏乐器，
包括了吹奏乐、祭祀乐和礼拜乐。

400 多年历史的山东梆子，
腔调高亢清亮，场面宏大。
由花鼓戏演变形成的四平调，
可追溯到上古祭祀的端鼓腔。
由“莲花落”说唱而来的山东落子，
则把民间音乐和舞蹈融为一体，
体现了济宁古老的审美和久远的技艺。

| 曲阜孔府 |

恢宏的祭孔大典，
则是济宁集乐、歌、舞、礼为一体的综合性艺术展现，
于每年阴历八月二十七日孔子诞辰时举行。

曲阜的木雕、嘉祥的石雕，鲁西南的民间织锦、琉璃烧制、三仙膏古法制作技艺，则是济宁手工艺水平最杰出的代表。

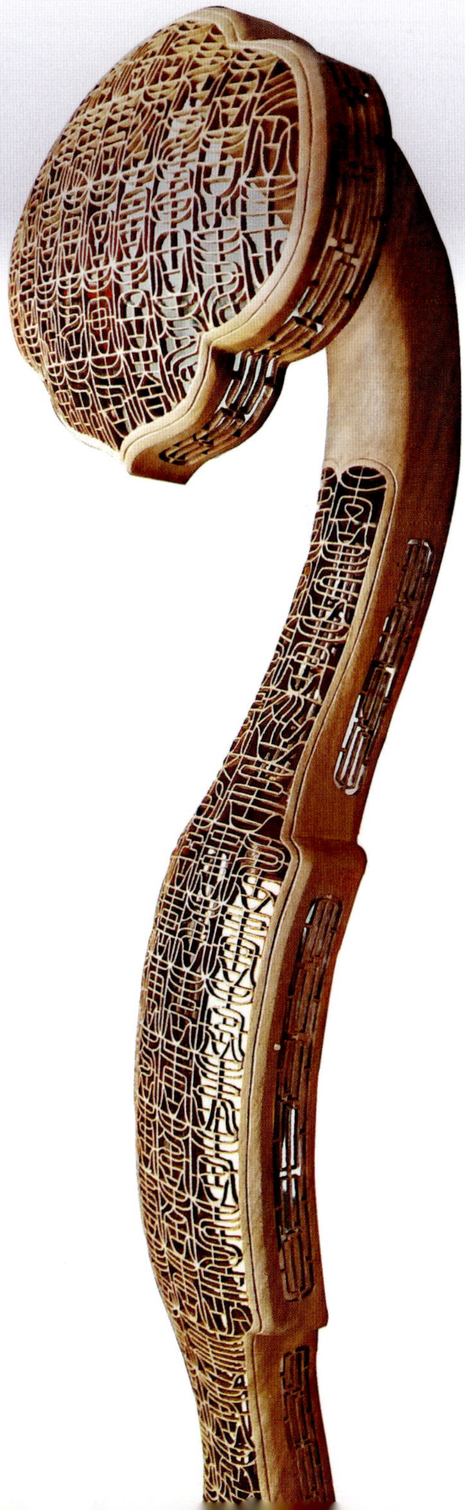

济宁美食尤以孔府菜为特色，
取料广泛，选材严格，烹调多样，制作精细，
源起于周赧王四十三年（公元前272年），
清淡鲜嫩，软烂香醇，原汁原味。
孔府菜的传世，
让研究中国古代饮食文化和体验古人美食都成为可能。
除孔府菜这样的宴席之食外，
济宁玉堂酱菜同样是可口的民间小菜。
听古曲新韵，
品孔府家宴，
看民间技艺，
济宁的昨天和今天，
其实连接在一起，
鲜活依旧。

革凡登圣

让孔孟之乡新容更甚旧颜，
把运河之都打造得鲜亮如新，
以“圣”为荣，
依“圣”而兴。
跨入新时代的济宁，
经济社会发生了巨变。
近年来主要经济指标增速高于全省乃至全国平均水平，
固定资产投资规模突破万亿元大关，
全市经济协调发展水平明显提升。
随着济宁产业转型升级实现重大突破，
高新技术企业产值占工业产值比重快速升高，
500 强企业逐年增多，
城镇化水平快速提升，
节能减排和生态建设成效显著。
以建设淮海经济区中心城市为新蓝图的新济宁，
东部“孔孟文化轴”和西部“产业经济轴”两相辉映，
作为鲁西科学发展排头城市的济宁已引领了区域的发展。
而以信息产业、先进制造业、现代服务业和农业形成的产业体系，
让作为转型发展先行城市的济宁带给群众更多的满意和幸福。
宜居宜业，儒韵古风，
敢于“革凡”的济宁，
又将在新的历史征程上，
用综合实力“登圣”。

文化是济宁的丰厚家底，
也是突破创新的优势所在。
借文化战略和传统文化示范城市带来的文化软实力，
规模以上文化企业已达到 407 家，
世界性文化论坛和节庆彰显着圣城的文化活力。

择善从圣

因“圣”而名，
“圣城”的气度，
在于革故而鼎新，
在于言信而必果。
所谓“朝圣”，
既是敬畏先贤之圣，
更是不负民心之圣。

敏而好学的济宁，
以“为往圣继绝学”的宏愿，
用学而时习之的态度，
择善而从，
温旧而新。

泰。安。之泰

泰山之美……………………………………………………，

千年古城……………………………………………………，

挑山工精神…………………………………………………，

只争朝夕……………………………………………………！

这是一片古老的土地，
5 万年前已有人类繁衍生息。
悠悠汶河，
孕育了古老的大汶口文化，
被视为华夏民族文明的起源之一。

这里历史遗存丰富，
建筑遗迹众多，
摩崖石刻遍布。
齐长城在这里坐拥天险，
有“运河之心”美誉的戴村坝，
仍然镇守着京杭大运河要冲。

宁阳颜子庙“二梁不在大梁上”的独特结构，
是中国建筑史上的一朵奇葩。
白佛山石窟造像
拥有“中原隋代第一佛”之称。
陶山朝阳洞石刻造像于 2019 年
入选第八批全国重点文物保护单位。

这里更是因一座山而得名。
东岳泰山，
名列五岳之首，
是首个“世界文化与自然双重遗产”。

它是东方文化的缩影，
“天人合一”思想的寄托之地，
更是中国人千百年来的精神家园。
这里就是泰安。

泰安在山东的位置

泰安市地图

泰山之美

形成于太古代的泰山，
是一部用石头写成的自然史。
在距今 2.5 亿年至距今约 6500 万年间的中生代，
今日泰山所在的大地，
结束了陆海交替的沧桑变迁。
在距今约 1 亿年的中生代晚期，
泰山区域在燕山运动的影响下，
形成了嵯峨峻拔的泰山穹隆。
经过漫长的地质演化，
到了新生代中期，
随着沉积岩被逐渐剥蚀，
古老的泰山杂岩始见天日，
泰山的雏形形成了。
大自然的神奇，
使泰山成为一座天然地学博物馆。
张夏寒武纪地层标准剖面
是中国区域地层对比和国际寒武系对比的重要依据。

而新构造运动也深刻地影响着
泰山的自然景观，
“雄、险、奇、秀、幽、奥、旷”
是泰山之美的精髓。
而泰山之美的变幻
远非这七个字可以说尽。

泰山四季有美景。
春，遍山吐翠，
夏，云烟缭绕，
秋，山苍水碧，
冬，松柏傲雪。
更有“旭日东升”“云海玉盘”“晚霞夕照”

| 群峰拱岱 |

“黄河金带”“泰山雾凇”“碧霞宝光”
的奇观，
彰显她的雄伟壮丽，气势磅礴。

泰山之美也见于细微处。
水为山之灵，
树为其筋骨。
泰山水系发达，
有潭、池、瀑布 56 处，
名泉 72 眼。
山泉密布、河溪纵横，
给雄奇的泰山增添了一分柔美。
泰山植被丰富，
在册古树名木 18195 株，
其中树龄 300 年以上 1821 株，
更有 24 株入列世界遗产保护名录。
“挂印封侯”“汉柏连理”等古柏各成一景，
“五大夫松”“姊妹松”自成一格。
正可谓：
观景要观东岳景，
赏松应赏泰山松。

千年古城

通天拔地的泰山，
横亘在中原大地上，
令人难以忽视。
古人早已把目光投向山脚下这片土地，
泰安也因为这座山而变得与众不同。

积万民之福，
具有“尊天重民”的古朴风范，
蕴含着儒家“畏天命”的思想。
泰山到底有多重要，
泰山脚下的岱庙从另一个角度书写了答案。

说起来，这座千年古城最初的建立，
就是为了方便封建帝王攀爬泰山。
西汉元封元年（公元前 110 年），
汉武帝刘彻到泰山封禅。
这位文韬武略的千古帝王，
割汶水之滨一片沃土，
献给泰山，
专司祭祀，
赐名“奉高”。
这里便成为中国历史上第一个因祭祀泰山而专门设立的城市。
其实，早在汉武帝之前，
上古时期就有 72 位君王来泰山巡守柴望，
更有包括“三皇五帝”在内的 12 位上古帝王亲临泰山封禅。
于是，封禅大典就成了泰山独有的古老礼仪。
封禅泰山，
两个条件缺一不可。
国家太平，天降“祥瑞”，
帝王才可用封禅这种方式回告上天对其治理国家的“表彰”。
从某种程度上说，
能够封禅泰山，
是历代封建统治者的终极追求。
报天地之功，

|《康熙南巡图》中描绘的岱庙至泰山山顶这一封禅路线的景观|

这座总面积约 9.62 万平方米的古建筑群，
规模约是北京故宫的 1/8，
曲阜“三孔”的 7/10。

主体建筑天贶殿，
是“中国古代三大宫殿”之一。
这座按照唐宋以来祭祀建筑最高标准修建的古建筑，
是封建帝王供奉泰山神灵，
举行祭祀大典的场所。

| 岱庙天贶殿 |

平安香

殿内的壁画《泰山神启跸回銮图》，
是山东地区现存唯一的古代大型道教壁画。
229 通古代碑刻，
64 块汉画像石，
49 块石雕，
文物荟萃，碑刻林立，
无不宣示着这一祭天之所的神圣庄严和崇高地位。
从秦始皇帝二十八年（公元前 219 年），
到北宋大中祥符元年（1008 年），
岱庙见证了 6 位封建帝王统治生涯的“高光时刻”。

“碑者，山川之眼也。”
泰山 1600 余处石刻，
57% 以上是摩崖石刻。
如果不是亲眼见过，
今人很难理解古人对泰山的向往与渴望。
李斯篆书秦始皇功德铭和秦二世诏书，
稀世珍宝，至今仍存。
经石峪摩崖，
面积 2064 平方米，
是中国现存最大的佛经摩崖石刻群。
唐玄宗亲自撰书《纪泰山铭》，
笔力遒劲，刻于岱顶，
更有《壁立万仞》《星辰可摘》《置身霄汉》等
对泰山自然造化、鬼斧神工不由自主地赞叹。

假想古人有微博，
“泰山”一定长居“话题”榜首。
南朝宋元嘉四年（427 年），
诗人谢灵运登泰山，
慨叹泰山之险。
作“岩崿既崄巇，触石辄芊绵”。
唐开元二十三年（735 年），
杜甫登泰山，
感叹“会当凌绝顶，一览众山小”。
杜甫登泰山后第七年，
李白游泰山，
一口气作《游泰山六首》，
洋洋洒洒 600 余字，
俨然一篇“头条文章”。
清人施闰章，
有幸雪霁登临泰山，
更是发出了“秦碑凌绝壁，杖策好谁看？”的赞叹。

有“天下第一山”之誉的泰山，
绝不是一座只属于帝王与文人的山。
千百年来，
它始终荫庇着山脚下的泰安人。
它是这座城市的中心，
也是这片土地的脊梁。
人们依靠它，
也热爱它。
视东岳大帝为泰山神，
尊碧霞元君为泰山老奶奶，
赋予它人格化的特征，
使其不再是一座高不可攀的圣山，
而成为与人们的喜怒哀乐息息相关的存在。
“泰山安则四海安”。
而泰山石敢当也成了泰山的化身，
延续着泰山的平安文化和担当精神。

與國同安
壁立萬仞
置身霄漢
巖巖
天地同攸

| 泰山十八盘 |

挑山工精神

数不尽的人在泰山面前弯腰，
但脊梁依旧坚挺。
时光流转，
1981 年，
时年 39 岁的作家冯骥才第一次来到泰山，
他在泰山那陡直而似乎没有尽头的山道上，
遇到了一位
“被肩头的重物压弯了腰，却一步步、不声不响、坚韧地向上攀登”的山民。
他因此创作了一篇散文。
这篇名为《挑山工》的散文，
自 1983 年入选语文课本以来，
每年有成千上万的孩子从中受到砥砺。
文中赞颂了挑山工坚韧不拔的攀登精神，
向世人传达了一个朴素的道理：
干什么事，
只要一心向着目标，
步步踩实，
一个劲往前走，
就能到达目的地。

习近平总书记更是殷切希望山东广大干部群众
以永不懈怠的精神状态
和一往无前的奋斗姿态，
真抓实干，
埋头苦干，
做新时代的泰山“挑山工”，
在决胜全面建成小康社会，
夺取新时代中国特色社会主义伟大胜利新征程上，
不断创造新的业绩！

泰山挑山工精神，被誉为“行走的脊梁”。
一根担，两肩挑，
山为绝顶，人为峰。
时至今日，
这种“挑担不畏难、登山不畏险、坦途不歇脚、重压不歇肩”的信念，
仍然是中华民族的精神财富。

只争朝夕

今天的泰安
正牢记总书记的殷殷期盼，
认真贯彻新发展理念，
经济保持平稳增长，
在高质量发展道路上迈出坚定步伐。
培育优势产业，
实现乡村振兴，
创建美丽乡村齐鲁样板，
再现“自古闻名膏腴地，齐鲁必争汶阳田”
的往日荣光。
坚持生态优先绿满泰安的理念，
打造山水宜居世界遗产城市，

建设国泰民安中华精神家园。
汶河如带西流去，
两山似画入城来。
泰安这座因山而置、因山而兴的城市，
正在描绘一幅
水清可游、山美可赏、
人在城中、城在画中
的生态和谐画卷。
泰山脚下的泰安人，
异常珍惜这座城市快速发展的关键时期。

他们踏实肯干，
努力拼搏，
只争朝夕，
为延续这座城市千年的发展脉络，
争做新时代的“挑山工”。

| 鸟瞰泰安 |

威震海疆

滨海画卷，

海洋名城，

滨海重镇，

开放前沿！

在中国十佳宜居城市排行榜中，从 2016 到 2019 年，连续四年，威海稳居第二。

作为北方城市，威海为何能获得这份荣誉？
或许，答案早已写入这片“蔚蓝”之中。
威海，位于山东半岛东端，地处东北亚咽喉要地，
北、东、南三面濒临黄海，北与辽东半岛相对，东与朝鲜半岛隔海相望，西与烟台市接壤，
是中国大陆距离日本东京、韩国首尔最近的城市。

威海在山东的位置

威海市地图

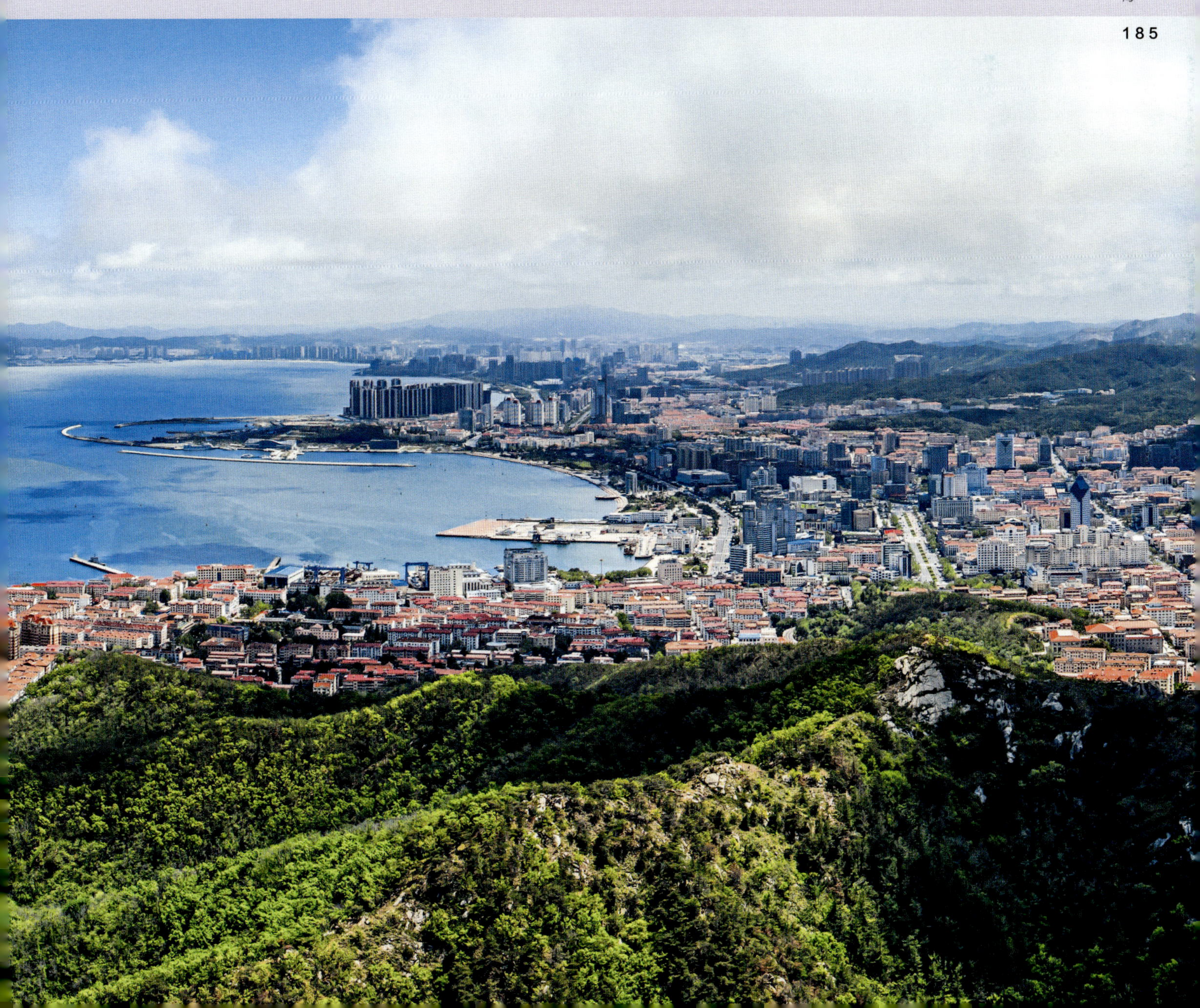

滨海画卷

在威海的诸多岛屿中，最负盛名的是刘公岛。
刘公岛，横亘于威海湾内，
是威海的海上天然屏障，在国防上有着极其重要的地位。
自古有“东隅屏藩”和“不沉的战舰”之称。

早在战国时期，岛上就有人居住。
相传东汉末年，刘氏皇族迁居岛上，因此得名。
不过这里的岛民，既不姓刘，也不会出海打鱼。
中华人民共和国成立后，刘公岛一直是军事禁地，直到1985年才对外开放。

除了刘公岛，海驴岛也很出名。
海驴岛，又名海猫岛，位于荣成市成山镇北部海域。
这里既没有驴，也没有猫，
真正多的，是海鸥，被誉为海鸥王国。
除了海鸥，这里有世界级珍稀鸟类——黄嘴白鹭近2000只，且全部处于野生自然状态。
全世界的黄嘴白鹭，一共有3000只左右。
这里，有黄金海岸，
“天蓝蓝，海蓝蓝，威海有个金海湾……”
这既是一首儿歌，也是对威海国际海水浴场的真实描绘。
这里，有东海岸公园带，
以威海标志性建筑——幸福门为起点，犹如一条镶嵌于东海岸的珍珠链，
幸福、威海、悦海、海上、九龙湾，
五大公园一脉相连，
延绵近10千米，是中国最长的海湾岸线公园群。

| 航拍刘公岛 |

作为海洋名城，威海还有天下第一滩“乳山银滩”，它拥有20千米长的带状海岸线，坡缓滩平、沙质细软、洁白如银，被专家称为“世界上难得的优良沙滩”。

这里，有环海路，

东起四眼楼南侧，西至林海酒店，

全长约25千米，有“城市后花园”之称。

1986版《西游记》曾在这里取景拍摄。

这里，有石岛湾，

它是隋唐时期著名的赤山浦，今日的“港城渔都”。

威海最大的海岛镆铘岛，位于石岛湾东侧，传说秦始皇东巡时，每日在这里的三观亭观日出。

威海市湿地总面积11.5万公顷，占威海总面积的20%，全市拥有3处国家级湿地公园，6处省级湿地公园。

| 雪中天鹅 |

| 成山头 |

著名的大天鹅国家级自然保护区坐落于荣成市成山镇，
它是亚洲最大的大天鹅越冬栖息地，
被国内外专家学者誉为“东方天鹅王国”。

每年 10 月，北方的大天鹅、大雁和野鸭陆续飞到这里，
到次年 4 月，多达几万只。
它们成群结队——
塑造“万顷湖天碧，一池雪花白”的胜景。
这里，还有桑沟湾，
我国首个国家级城市湿地公园，
先后被评为“国家级海洋牧场”“国家级休闲渔业示范基地”。
这里的渔民日出而作，日落而息，牧海而耕。
通过建立自然保护区和湿地公园，
威海初步形成了海陆自然衔接过渡、河流廊道纵横交错、
库塘港湾星罗棋布、蓝绿空间交相辉映、
人与自然和谐相处的湿地生态格局。

海洋名城

岛、海滩、海岸、湿地交相辉映，
绘制了威海多彩的滨海画卷。
生活在威海的当地人，对“宜居”是一种什么样的体验？
让我们走进南海新区——
这里，是山东半岛蓝色经济区重点建设的海洋经济新区。
南海新区因水而灵，
陆地上河网密布、水系众多，
区内有五垒岛湾国家湿地公园，湿地率高达98.64%。
海景路的北面，有万亩松林郁郁葱葱，
南面，则是广阔的大海。

这里盛产海鲜，其中桑蛎、文蛤、姚米等曾经是古代朝廷贡品。
威海是全国第一渔业大市，被誉为中国海洋食品名城。
这里有全国最大的海带、刺参养殖基地。
海珍品有50多种，仅贝类就达40多种，享誉全国。
在漫长岁月中，形成了多种威海特色小吃，
鲅鱼水饺、鱼锅饼子、葱烧海参、红烧大虾、盛家火烧……
它们大多保存了海鲜的“原汁原味、清鲜脆嫩”。
或许，你在《舌尖上的中国》对它们早有

威海

威海自然岸线保有率 47.2%，
近岸水质达标率 100%，
是全国海水水质最好的区域之一。
威海也是山东唯一的环境空气质量常年达到国家二级标准的城市。
同时它还是国家卫生城市、国家森林城市、国家园林城市。
曾获得联合国人居奖、中国人居环境奖，
是世界级宜居城市。

耳闻。

威海菜，提倡自然之美，

威海人在饮食上追求“回归自然”。

徜徉碧海蓝天之间，威海孕育了丰富多彩的海洋文化——

渔民开洋节，

海草房民居建筑技艺，

威海国际人居节，

威海国际渔具博览会，

威海国际帆船赛……

威海到底有多宜居？

相信每个人心中，均已有了答案。

| 葱烧海参 |

滨海重镇

威海不仅有大自然的壮美奇观，
亦蕴涵丰厚的文化底蕴。
威海自古便是渔盐生产基地、对外贸易口岸、海上交通要道和海防前哨重镇。

2200 多年前，秦代设置昌阳县，这是威海境内最早的县级政区。
秦汉时期，威海的经济已经相当繁荣。
秦始皇与汉武帝、汉宣帝都曾前往成山礼日。
今日威海，汉墓群遍及各地。

唐朝，是中国历史上最为后人称颂的时代，我国古代海上贸易和对外交流也进入鼎盛时期。

因“登州海行入高丽、渤海道”的地缘优势，
威海一带在唐朝地位愈发重要。

在赤山浦甚至形成新罗村，村民全是新罗人。
在“入唐求法”的遣唐使中，日僧圆仁先后三次客居赤山法华院，时间共长达两年零九个月。
京都七大古寺之一“赤山禅院”，便是他归国后仿建。
他编著的《入唐求法巡礼行记》，被誉为“东方三大旅行记”。
倭寇之乱，困扰明朝两百年之久。
倭患始自元末明初，起初主要活跃于山东沿海，直到“俞龙戚虎”上任，才彻底平定。
为平定倭患，加强沿海防卫，明朝在威海境内共设置：
一营：文登营，
三卫：威海卫、成山卫、靖海卫，
四所：百尺崖所、宁津所、寻山所、海阳所。
而威海卫更是以“威镇海疆”之意得名。

中國甲午戰爭博物館
江澤民
海軍公所
入馆观众
请走东门
Way In

| 刘公岛海军公所 |

随着官兵世代相袭，兵士父子相继，
军人及军户后裔逐渐繁衍成村。
威海，乃至整个胶东半岛变成“军人的世界”。

清朝建立初期，威海卫和靖海卫被裁撤。

100 多年后，由于特殊的地理位置，清政府把目光重新锁定这里。

光绪五年（1879 年），李鸿章督办北洋海军，选定威海卫作为主要基地。

9 年后，中国近代第一支海军北洋海军在威海正式成立。

此时的威海卫，已是当时中国最大的海军基地。

北洋海军是清朝建立的四支海军中实力最强、规模最大的一支，

舰队实力曾是亚洲第一、世界第九。

但是，强大的硬件设施没维持多久。

光绪二十一年（1895 年），威海卫海战爆发。

面对日本倾全国国力于一击的气势，北洋水师无力招架。

伴随着北洋海军的全军覆没，清政府的天朝上国梦也走到了尽头。

甲午战争加剧了近代以来中国遭受的灾难，直接导致中国人民挽救民族危亡的运动高涨。

从甲午海战到 1912 年清朝灭亡，不足 15 年。

威海卫，是中国记忆的伤痛地，也是救亡图强的发奋之地。

甲午战争惨败后，列强接踵而来，掀起瓜分中国的狂潮。

德国占领胶州湾，俄国占领旅顺口，

英国以制衡俄国为借口，巧取豪夺强租威海卫。

八国联军侵华时，刘公岛是侵华英军的重要补给基地。

一战期间，大约 44000 名华工从威海卫赴欧参战。

1922 年，英方从威海卫招募警察填充香港警队。

1930 年，刚刚名义上统一全国的南京国民政府从英国手中收回威海卫。

威海终于摆脱了殖民地的屈辱身份，

成为“七子”当中最早收回的一块租借地，

开始了新的历史篇章。

七七事变，日本大举进攻中国。

拥有十万大军的国民政府山东省主席韩复榘率众逃窜，

山东大好河山顷刻沦陷于日寇铁蹄之下。

中共中央北方局和山东省委紧急行动，

在天福山举行起义，打响了胶东武装抗日第一枪。

在马石山突围战中，为救援 6000 多名群众，

共有 400 余名指战员英勇牺牲。

战士们用生命，谱写了一曲与人民生死与共的英雄赞歌。

2015 年，作为抗战胜利 70 周年大阅兵第一个英模方队，

“马石山十勇士”的旗帜，在天安门前接受了祖国和人民的检阅。

开放前沿

威海是全国首批沿海开放城市。

作为改革开放30年全国18个典型地区之一，

威海有3个国家级开发区、1个综合保税区、

12个省级园区、6个国家一类开放口岸，

目前与200多个国家和地区有经贸往来，

拥有外资企业1400多家。

威海是全国首批创业先进城市。

获批创建国家质量强市示范城市，入选首批国家现代农业示范区，

拥有山东省省级以上研发平台34家，其中国家级平台有25家，

工业和信息化部电子信息技术综合研究中心落户威海，

高技术产业开发区是山东半岛国家创新示范区的重要组成部分。

威海是全国第一渔业大市，海洋生产总值约占威海市 GDP 的 40%。

它拥有中国北方最大的渔港，是国家唯一的远洋渔业基地，还拥有国家海产品质检中心等高端公共平台。

它拥有的专业远洋渔船占山东省的 2/3，省级以上海洋牧场占山东省的 1/4。

全市船舶产品达 15 大类 40 多个品种，其中 17 个品种填补了国内空白，

客滚船、重钓船分别占全国市场份额的 70% 和 80%。

实施海洋强市战略，打造海洋牧场、健康食品、滨海旅游、港口物流等“拳头”产业。

实施“蓝色海湾”行动，打造“水清、滩净、岸绿、湾美、岛丽”的海洋生态环境。

实施城市国际化战略，坚持深耕日韩、拓展欧美，主动融入“一带一路”。

在东北亚咽喉之地，构建蓝色活力之都，

它的未来，无可限量。

展望未来，蓝色港湾早已有了新的航向——

坚持生态立市、生态优先，建设高端精品旅游城市，打造精致城市威海样板。

日照在何方？

龙山寻源……………………，

莒国芳华……………………，

太阳之子……………………，

海天仙境……………………，

“非遗”光影……………………，

向海日出……………………，

日照前方……………………！

5000 年前的中华先民，
笃信每天第一缕晨曦，
首先会照耀在这里！
日出初光先照，
碧海青山共生。
这片生机盎然的乐土，
被看作是太阳的故乡，
大自然的骄子。

璀璨夺目的华夏文明，
在日照留下深刻的印迹，
龙山文化的中心，
姜子牙齐国的疆域。
东夷故国，
莒国旧邦，
文明在这里孜孜不息。
当 1989 年成为地级市后，
日照以东方太阳城的名义，
在新时代愈发顺风驶船成就非凡。
碧海蓝天的旖旎风光更胜往昔，
高端装备制造和新材料，
新一代信息技术和生物医药，
百亿级产业群茁壮成长。

现代化的海滨城市，
高指数的幸福感和收获感，
让微笑与风月同在，
希望与山海共振。
曦初日照，
还是那个被太阳眷恋着的骄子，
始终奔跑在阳光下，
向着更远方冲刺！

日照市地图

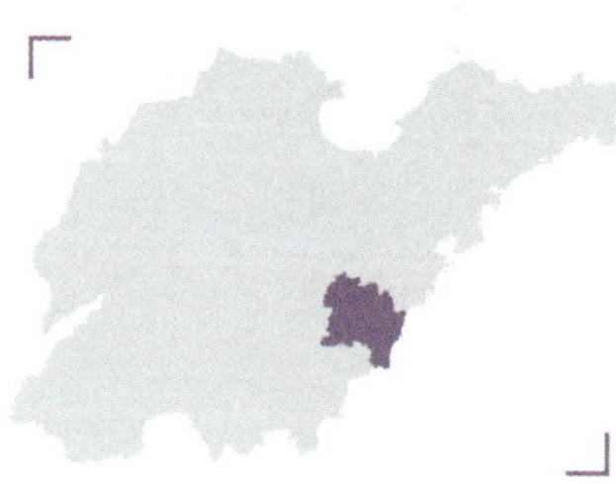

日照在山东的位置

龙山寻源

远古日照栖息的族群，
因太阳而兴起，
敬太阳为图腾，
始终坚信自己是太阳的子孙。

时钟拨回到旧石器时代。
茹毛饮血的华夏先民，
在日照的土地上，
开创了中华文明史上光彩夺目的龙山文化。
两城镇遗址，
数量众多的陶器蔚为大观。
形同蛋壳的陶杯，
依稀可见当年主人高举而饮时的喜悦。
尧王城遗址，
厚实的城墙横贯东西，
证明了都城曾在这里兴起。
陶文残片上的种种符号，
叙说着文字似乎从这里诞生。
东海峪遗址，
大汶口文化晚期和大汶口文化向龙山文化过渡期，
以及龙山文化时期“三叠层”稀有同在，
证明了历尽岁月洗礼的文明演化与传承。
丹土遗址，
石器、玉器、陶器、铜器竞相展露风姿。
高柄杯、三足杯、圈足盘，玉璜、玉钺、玉刀，
其形多样，其状精美。
一件嵌绿松石的国家一级文物玉钺，
玉石与宝石镶嵌，
工艺繁杂，堪称一绝。
古老的龙山文化，
无数的谜底在这里揭晓。
太阳的崇拜，
也在这里得到印证。
东夷方国，
日初照耀。

一件件出土的文物上，
太阳的纹饰是最突出的符号。
更有一件深腹陶制礼器，
太阳的符号高悬在山峰之巅。
久久端详，陶器肃穆而端庄，
古人祭祀太阳的场景恍在眼前。
祭祀的部落首领早已作古，
东方太阳城的骄傲，
却传颂至今。

莒国芳华

如果把齐鲁大地谓之为
山东，
日照或许会笑而不语。
西周天子分封天下，
齐鲁之外，
日照以莒为国名，
延续至今尚有莒县建置。

| 1 |

莒国旧忆，
要从手执打神鞭、
所到之处百无禁忌的姜太公说起。
周兴商亡，
丞相姜尚居功至伟。
日照所置莒子国，
便是姜尚[1]的故土。
而莒国己姓国君，
建国于武王元年（公元前 1046 年）。
《春秋大事表》云：“莒虽小国，东夷之雄者也。”
莒乃山东东夷诸邦中最强之国。

春秋至战国初期的莒国都城，
位于今莒县县城的四周，
东临沭河，西傍柳青河。
《读史方舆纪要》载：“旧城有三重，皆崇峻，子城方十二里，内城周二十里，外郭周四十里。”
位列春秋五霸之首的齐桓公公子小白，
要不是曾被莒国收留避难，
恐无后来齐国大兴之伟业。
“毋忘在莒”的典故，
便是从此而来。
秦汉天下一统，
为楚国所灭的莒国血脉仍在。

1 姜尚，字子牙，号飞熊，后人敬称太公。

1 木虎子，汉代，高 18 厘米，长 39 厘米，宽 14.5 厘米
2 漆方盒，汉代，高 14.5 厘米，边长 23 厘米
3 漆镜奁，汉代，高 3 厘米，口径 15.6 厘米，底径 14.8 厘米
4 龙首漆勺，汉代，长 41 厘米，勺宽 8.8 厘米

|2|

|3|

|4|

实行“郡国并行制”的西汉王朝，
将城阳国定都于莒。
2002 年日照西郊海曲汉墓出土的大量器物，
记录了城阳国传承的莒文化的瑰丽，
1200 余件随葬品无一不精美绝伦，
漆器、刺绣、竹简……
娓娓道来莒文化的前世今生。
时至今日，
莒国故城犹在。
由大小城组成约 25 平方千米的遗址，
大段城墙至今雄伟壮观，
城内冶铁、铸钱、制陶作坊遗址历历在目。
作为山东省重点文物保护单位和历史文化名城，
莒国故城屹立不倒，
和齐国、鲁国一道成为山东不可抹去的辉煌记忆。

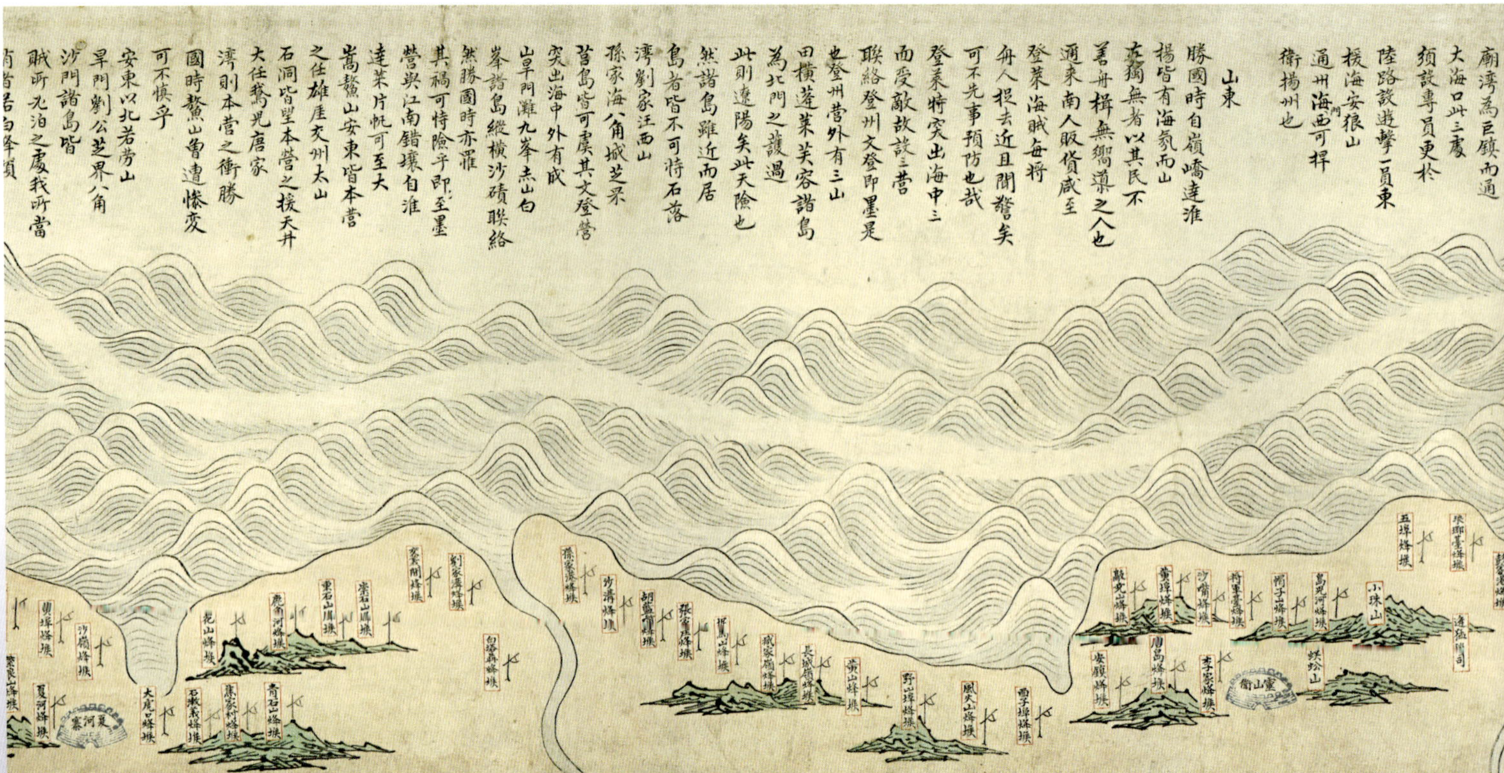

太阳之子

日照人的血脉中，

始终浸润着象征光明的太阳之辉。

南朝梁天监九年（公元 501 年），

正是南北朝分治天下的黑暗时代。

南朝莒人刘勰，

却用笔墨把文学理论的光辉流传于世。

一部“通夜继烛”而书的
《文心雕龙》，
体大而虑周，
开研究文学形象思维的先河，
细论语言文学的审美之本质，
探索了文学创造、鉴赏的美学规律。
是中国文学理论批评史上第一部有严密体系的专著。

南宋淳熙六年（1179 年），

偏安一隅的南宋无意山河一统。

在金朝统治下的莒州人张行简，

状元及第后致力于弘扬礼制，

让礼法贯之以制度、典册、号令，

著《人伦大统赋》等诸多书籍，

严律法于朝廷，施教化于民众。

明万历十七年（1589 年）钦点状元焦竑，

同样来自日照。

作为明代大儒，

焦竑严谨治学，教育乡里。

日照所出进士九人，

焦竑弟子占据其二。

文以载道，

武则安邦。

明初倭寇猖獗之时，

处于海防一线的日照安东卫军民，

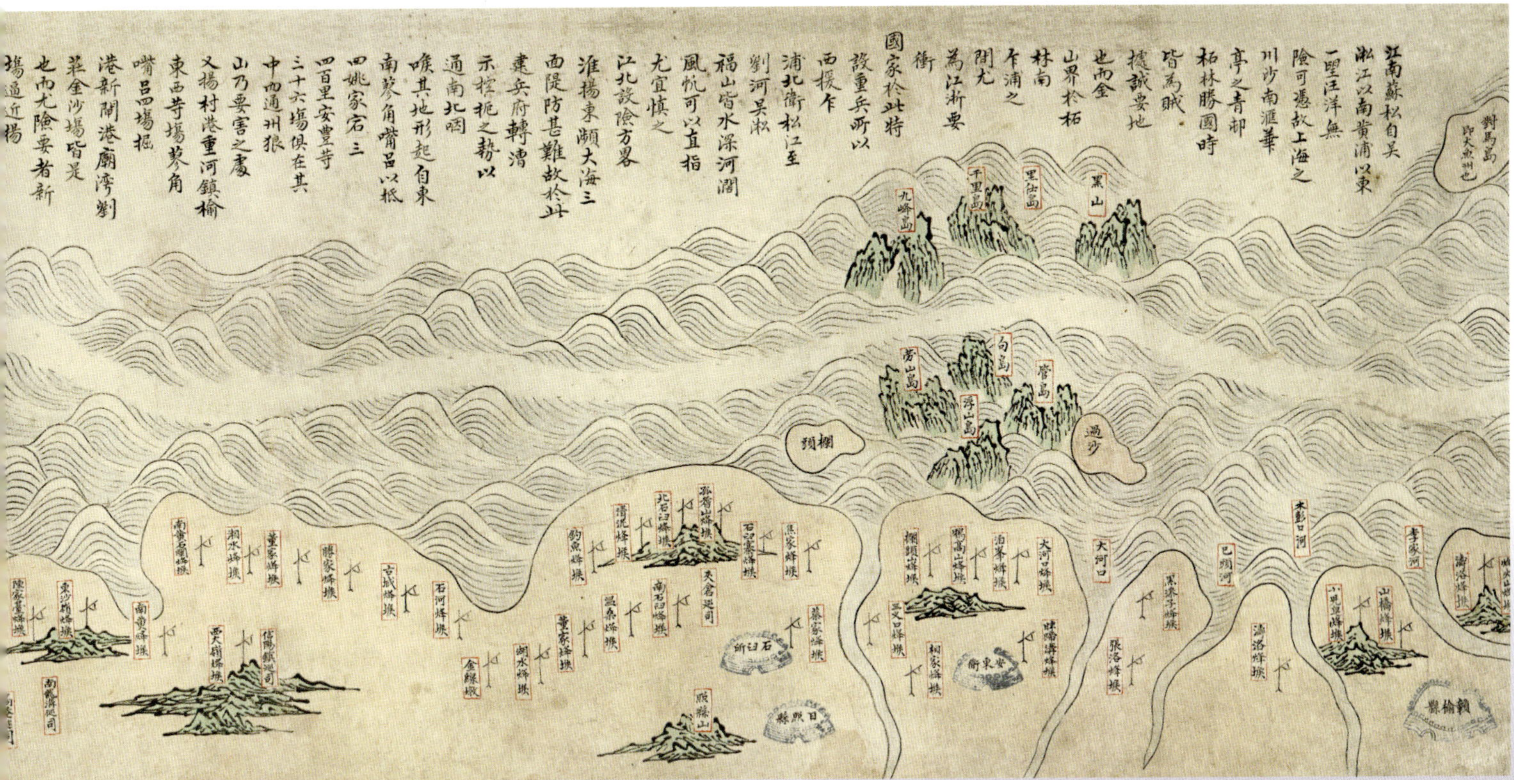

|《直隶山东盛京海疆图》局部|

每每痛击来犯倭寇，

成为与天津卫、威海卫齐名的海防重镇。

到了红色洗礼的近代，

太阳之子的日照儿女，

更是为了追求光明，

留下可歌可泣的丰功伟绩。

中共一大代表，

就有日照莒县籍的王尽美。

1919 年 10 月，

日照人王乐平创办齐鲁书社，

开始传播马克思主义。

革命老区的日照，

很早就成立了党的组织。

日寇来犯的峥嵘岁月，

3.8 万日照热血儿郎毅然从军，

更有 44 万民工冒着枪林弹雨支前，

6000 多人为抵抗侵略、解放全国献出宝贵生命。

时至今日，

更多的日照儿女为了强城富市，

锐意创新，不甘人后，

努力书写新时代太阳之子的新篇章。

| 1944 年 6 月 15 日，山东军区军事工作会议在日照县碑廓召开。这次会议对于正处于大反攻前夜的山东军区的军事建设和作战指挥具有十分重要的意义 |

海天仙境

人间妙境何处觅？
日照山水最宜人。
蓝天碧海映衬奇峰仙山，
古刹名观鸣唱千古传奇。
十里金滩万平口，
细沙流动，清波荡漾，
寓意万船平安归。

浮来山上清净地，
钟灵毓秀隐古寺。
五莲山头天竺峰，
烟雨海天共一色。
大青山间打太极，
修学养生康福地。

山外有海，
海边有山，
山海沧桑间，
云缭雾绕，
古洞可寻幽，
花丛可怡情。
日照的每一天，
就在一声岚山渔民号子中醒来，
在海上一轮日出中热闹起来。
五连剪纸剪出古莒国的前世今生。
日照黑陶烧制 5000 年的人间巨变。
听茂腔高唱，
唱出海天福地的山清水秀。
在这拥有丰水沃壤的海滨之城，
激情的马拉松跑起来，
炫丽的体操跳起来，
水上的运动做起来。
150 多项赛事的蓬勃发展，
让“运动之都”，
成为日照新的名片。
蓝天碧海金沙滩，
寻芳九仙忘归途。
星河影动海上碑，
长使游人复又归。

｜九仙山情侣峰｜

“非遗”光影

因太阳崇拜而兴起的日照文化，
日积月累，口传心授，
成为今日宝贵的非物质文化遗产。
红红火火的狮子舞，
如同朝阳漫天金辉。
渔鼓书、浮来砚，
传唱记录太阳子民的历史。
众多的传说，
悄悄倾诉这方热土的悠久。
九仙山传说，
孙膑传说，
秃尾巴老李的传说，
孟姜女的传说，
奎山传说，
吕母传说……
传说之外，
更有奇巧的工艺一脉传承。
打铁技艺，
南湖武术，
竹编技艺，
泥塑彩绘，
日照农民画尤其炽烈。
团团浓墨，
画出了日照的往昔，
更绘制出日照的未来。
延续几千年的黑陶烧制技艺，
现已形成规模生产力。
独具风韵的过门笺，
把传统剪纸艺术推向新高度。
紫鹿府庙会，
五莲山庙会，
开洋节，
谢洋节，
转秋千会，
祭海节，
祭祀文化和商业交汇，
古老传承和现代创新融合，
文化习俗有了全新的阐释。
周姑戏，
海洋渔号，
拉簧，
鲁南五大调，
乡音俚曲，
唱出了古今传奇。
或许是太阳的和煦，
闪耀出日照繁多的“非遗”，
可见可听可体会，
能唱能说能参与。

日照“非遗”文化盛宴，
涵盖之广，
种类之多，
让人叹为观止，
非亲身领略不知其中之趣。

向海日出

几瓣碧绿的叶片，
烹一壶海洋气息的绿茶。
日照的绿茶，
向海而生，
日出而茂。
日照的经济社会，
同样向海而兴，
沐阳而达。
得天独厚的区域优势，
让日照 GDP 年均增长 12.6%。
海岸小城正在成长为现代化海滨都市。
传统的浆纸、建材、能源、纺织，
正在被新兴的高端装备、信息技术、生物医药、新材料所超越。
钢铁、石化、汽车及零部件和粮油食品四大主导产业，
正在进行生态化的改良发展和跨越式的整体提升。
“上新压旧、上优汰劣”的项目逐一上马。
汽车整车企业、核心零部件技术、新能源车开发三大领域，
为日照的汽车产业增添全新的活力，
长城、海汇、中兴等汽车相继落户日照。
升级的生态农业、水产品加工、渔业和海洋装备制造，
新兴产业让城市活力四射。
莒县丹参、黄芩、杜鹃、樱桃、芦笋，
生态农业蒸蒸日上。
日照西施舌、大竹蛏、金乌贼、对虾，
海产品加工独具特色。
海洋装备制造承揽了众多国家级科考船的维修和改建。
海水淡化、海洋生物医药产业增速明显，
市场覆盖亚洲、欧洲、美洲、非洲 80 多个国家和地区。
因港而兴，因港设市，
从 1986 年的煤炭输出港，
到现在 20 万吨、30 万吨专用泊位投产，

短短数十年，
日照港港口生产泊位由个位数到十位数迅猛增加，
跨越了许多港口百年的发展历程。

日照港从无到有，从小到大，由弱变强，
国际班轮竞相开通，
新旧动能全面转换，
年吞吐货物量接近 4 亿吨，
年实现利润可达 13 亿以上。
在日照港，

“互联网 +”，“物流 +”，“金融 +”，“贸易 +”，
供应链集成服务平台渐成气候，
“一带一路”的支点和对外开放枢纽作用更加突出。
面向大海，港通五洲。
日照机场开通，更是一日万里，
为日照插上飞翔的翅膀。
和太阳离得更近，
与时代脉搏同频。
向海前景波澜壮阔，
日照之初尚是青春。

日照前方

从石器时代而始，
追太阳光辉而生，
濒黄海望大洋，
气吞海天万象。
古莒国的繁华，
犹在身前。
新日照的光彩，
前路无阻。
综合实力显著提升的日照，
社会福祉水平不断提高，
区域统筹发展日趋完善，
城市创新能力不断增强，
创新之城、生态之城、活力之城、旅游之城、蓝色之城，
“五城”日照正擦亮新品牌、新理念、新发展、新思路，
推进理念、平台、产业、人才和制度的“五大革新”，
激活创新第一动力，
阔步走进太阳升起的全新早晨。

德润港城，
善行日照。
日照在何方？
日照在前方。

临沂好风光

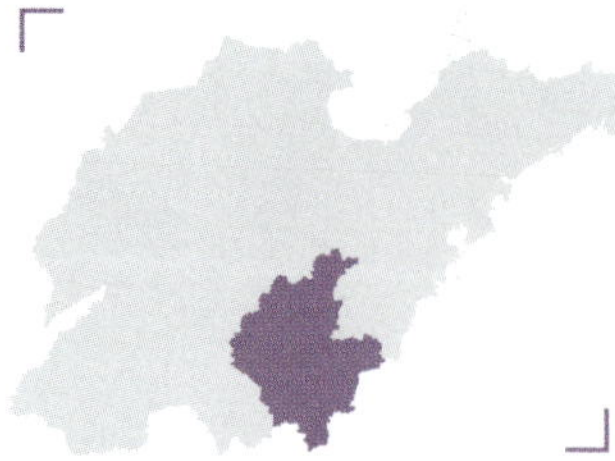

临沂在山东的位置

临沂市地图

这是一个让货车司机
放弃“线段公理”的城市。
从广州到乌鲁木齐的货车，
非要拐个弯跑到这里中转；
从宿迁发往福州的货车，
不是一路南下，
而是先掉头北上临沂，
再折返发往福州。

南来北往，
这里聚集了越来越多的货车、集装箱，
琳琅满目的商品也从这里流向世界各地。
过去，人们印象中的临沂身处一片山区，
“四塞之崮，舟车不通，
内货不出，外货不入”，
曾经是对它的真实写照。
历经 40 年的“蝶变”，这里崛起为开放高地，
形成“南有义乌，北有临沂”
的全国小商品批发贸易格局。
从“舟车不通”到“物流之都”，
一个山区老城是如何蜕变为活力商都，
又是如何一步步成为中国对外开放的前沿？
答案早已写进历史长河里。
“活力商都”是临沂在 21 世纪的一张新名片。
回溯 2000 多年的建城史，
在中国的版图上，
它拥有过一个神秘而古老的名字——琅邪[1]，
这个名字像长了脚的巨人，
在史书上留下深深浅浅的足迹，
它也像“地理商标”一样，
在疆界的变迁中，
随人南渡北归，东奔西走。

1 今作“琅琊”，本书后文用“琅琊”。

“琅邪”往事

夏商周时代，
生活在今山东地区的远古族群，
被中原地区的华夏族群称为东夷人。
他们身背大弓，英勇善战。
正是这些面向大海、背依泰山的东夷人，
在汲取了海洋文化和陆地文化的精华后，
创造出令人惊叹的海岱文化，
并在经历后李文化、北辛文化、大汶口文化、
龙山文化、岳石文化等多个文化序列后，
于公元前2000年，形成了东夷文化，
与中原文化一起进入早期青铜时代，
经多元交融，逐渐熔铸出全新的中华文明。

临沂城古名“琅琊”，
简单的两个字，其由来却源远流长。
最初是山名。
《史记》载，周初姜太公封齐时，
曾作“八神”，
并将“四时主神”立于琅琊山上。
春秋后期，越国灭吴后徙都至琅琊。
秦始皇并天下后，分天下为三十六郡，
琅琊郡即为其中之一。

东汉建武十五年（公元39年），汉光武帝
封子刘京为琅琊公，
后琅琊公晋升为琅琊王，
琅琊郡改为琅琊国，建都于莒。
至建初五年（公元80年），刘京向汉章帝
主动提出——

以琅琊国的华、盖、南武阳、厚丘、赣榆5县
换取东海郡的开阳、临沂（两县均在今临沂市境内），
并将国都从莒城迁至开阳。
临沂之称“琅琊”，从此开始。

刘京的行动，
成就了临沂琅琊城 2000 年的历史美名。
此后，无论是琅琊国还是后来的琅琊郡，
郡治所在地都在现在的临沂城。

至东晋南迁时，
长期生活于此的琅琊王氏郡望，
出现了最重要的两个人物——王导和王敦，
堂兄弟俩一文一武，
辅佐琅琊王司马睿南渡建功立业，
使得琅琊王氏在东晋享有举足轻重的地位，
“琅琊”更是成为了此支王氏家族引以为荣的地理性标志。

南宋偏安江南，北方陷于金朝。
从此，这里只称沂州。
经元明清等朝代，直到今天，
临沂都是州、县两级政府机构所在地。
“琅琊”之名，不复存在于行政建制之中，
只作为美名或别称流传于坊间。

| 古沂蒙城内景 |

在古临沂以“琅琊”为名的1000多年间，
铸就了“琅琊”瑰丽的历史篇章。
这里出土的
银雀山汉简《孙子兵法》《孙膑兵法》，
解开了“孙武、孙膑其人有无、其书真伪”
的千古之谜，
成为中华人民共和国成立以来的重大考古发现之一。

这里发现的北寨汉墓群，
是目前中国现存规模最大、保存最完整的
大型汉画像石墓。
画像石砖刻工精丽、线条流畅，
勾勒出1700年前琅琊城的生活图景。

这里相继诞生了众多闻名遐迩的名门世族。
人称“中古第一望族”——琅琊王氏，
自汉代步入历史舞台，历经两晋的兴盛，
流风余韵延续至隋唐之世，
数百年冠冕不绝。
成语“琳琅满目”[2]，
说的正是琅琊王氏人才之盛。
南朝文学家、史学家沈约也曾感叹：
“自开辟以来，未有爵位蝉联，文才相继，

| 王羲之行书《兰亭序》 |

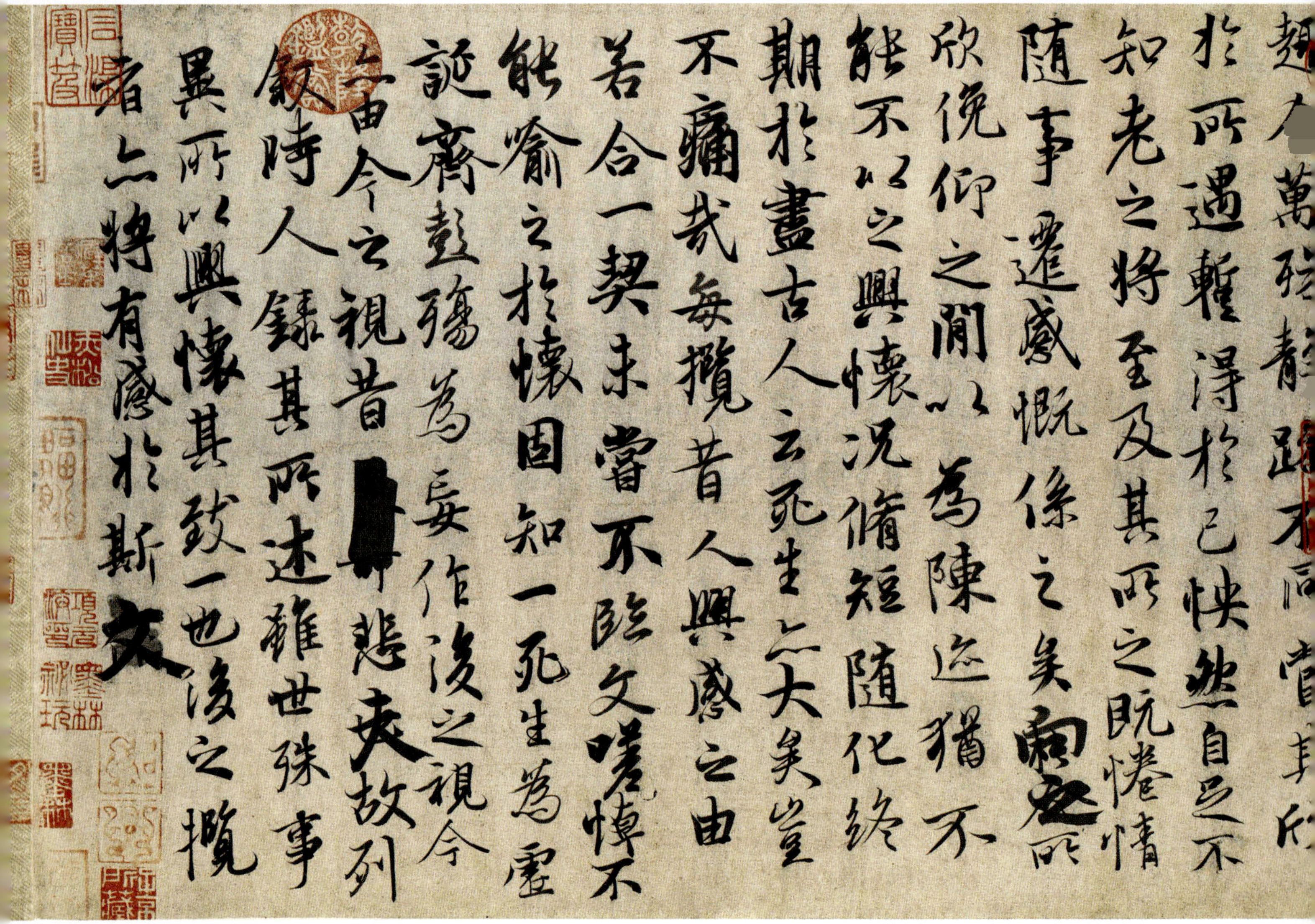

如王氏之盛者也。”

被唐太宗以“一字千金”捧上书法神坛的
王羲之，一代书圣，古今之冠。
《兰亭集序》真迹虽早已绝迹于江湖，
江湖却处处有它的传说。
王献之少负盛名，一幅《中秋帖》，
竟引得乾隆帝前后数次鉴藏印跋。

阳都诸葛氏也毫不逊色。
《三国志·诸葛亮传》开篇第一句
“诸葛亮，字孔明，琅邪阳都人也”，
道明了忠武侯的出生地。
15 岁时孔明随叔父依附刘表，
开始了在襄阳隆中“躬耕陇亩”的生活，
后辅佐刘备创建蜀汉政权，
成为一代名相。

琅琊颜氏的祖居地与诸葛氏相距不远。
颜氏一族在政治、经济、哲学、
文学、教育、艺术等领域成就卓著。
参与平定安史之乱的忠臣颜真卿
写出千秋名帖《祭侄文稿》，
堪称“大唐书魂”。

2 “琳琅满目”典故出自《世说新语·容止》：“有人诣王太尉，遇安丰、大将军、丞相在坐，往别屋，见季胤、平子。还，语人曰：今日之行，触目见琳琅珠玉。”

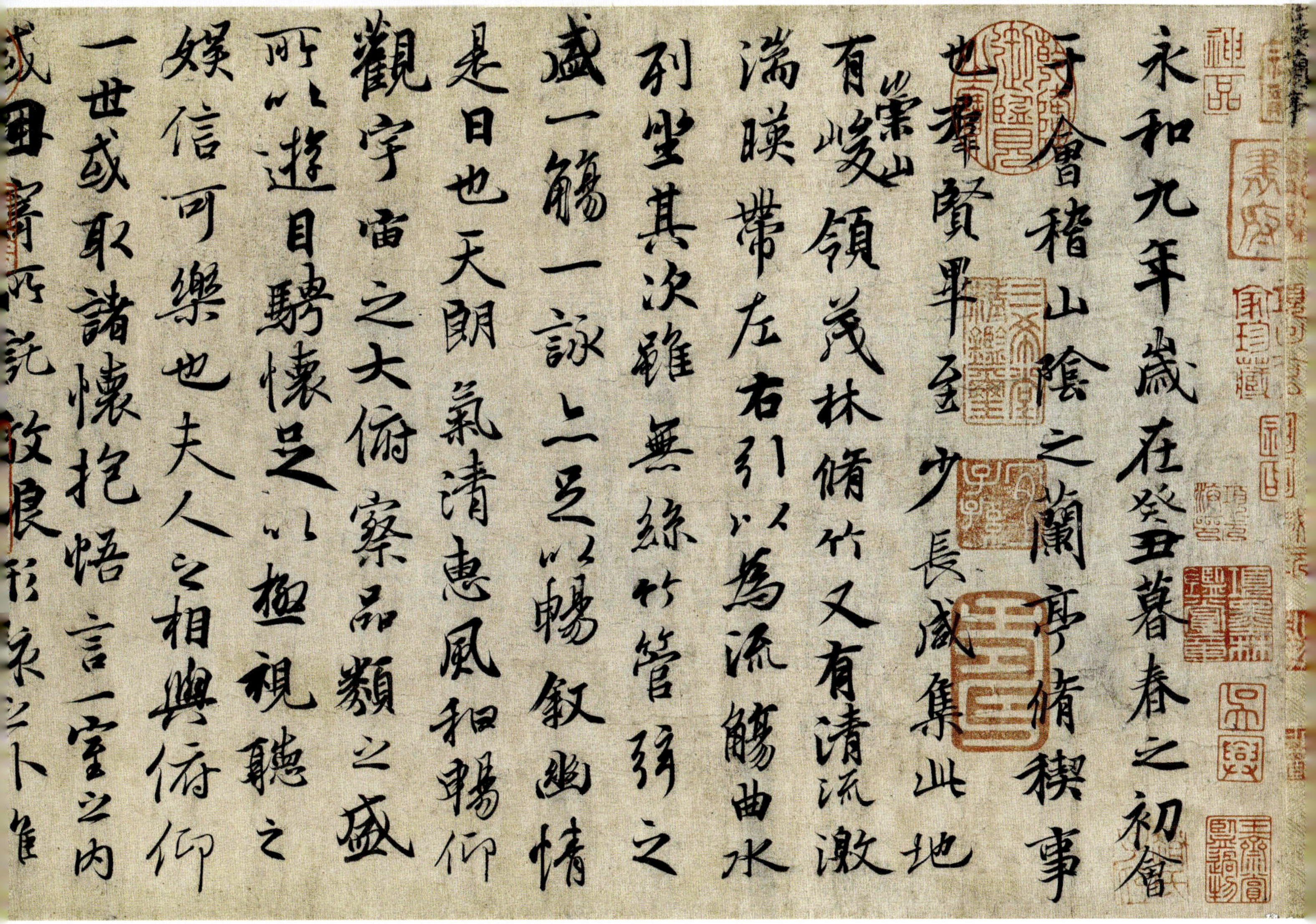

蒙山沂水

地处鲁中南的临沂，
虽属内陆，说它“沿海”却也不为过。
毕竟东部市界距离黄海海岸线最近的地方
仅约3千米。
北部以泰沂山脉和蒙山为脊骨，
大大小小的山头七千有余，
自北向南操控着河流流向，
携手冲刷出一片富饶的平原。

沂河，
如镶嵌的玉带，盘桓蜿蜒于崮下，
纵贯境内386千米，
是山东境内仅次于黄河的第二大河，
也是“临沂”之名的由来，
被亲切称为“沂蒙母亲河”。
沂河与祊河、涑河汇流后，
形成清浊两股水流，
清流映蓝天。

**“拖蓝曳练漾微波，
百合泉来渐满河。”
此乃古人眼中“琅琊八景”之一的“沂水拖蓝”。**

沂河支流纵横交错，多集中于上中游，
历史上每逢雨季，
山洪挟泥带沙滚滚而下，
往往泛滥成灾。
中华人民共和国成立后，兴修水利成为
首要工作，
1000多座水库如珍珠般散落在沂蒙大地，
总库容达40多亿立方米。
沂河、祊河城区段，
已建成防洪堤坝工程106千米，
均按50年一遇的防洪标准设计，
仅沂河主河道上就有

葛沟拦河坝、

茶山拦河坝、

柳杭橡胶坝、

桃园橡胶坝、

小埠东橡胶坝，

“修坝狂魔”名副其实。

1 三河口鸟瞰

2 小埠东橡胶坝全长 1135 米，是世界最长的橡胶坝

3 沂河风光

| 1 |

| 2 |

| 3 |

沂蒙山，
并非人们想象中的一座山，
而是以沂水和蒙山为代表的
人文地理概念。

发脉于泰山山脉的蒙山，
主峰龟蒙顶海拔 1156 米，
人称“岱宗之亚”。
山脉主体由 25 亿年前的花岗岩构成，
垂直节理形成峭立岩壁，
为鲁南山岳峰林之典型，
可谓“遥看崖树攒青霭，逆溯泉流上翠微”。

沂山，虽海拔仅千余米，
但山势之峻拔不亚于泰山。
盘桓在此 2500 余年的“长城之父”——
齐长城，随峰岭沟壑上下起伏。
所处山谷峻狭的穆陵关，
被历代统治者视为战略要地，
堪称“齐南天险”。
今虽已无法还原当年设兵守关的场景，
但登关四览却仍能领会，
东方泱泱大国的强盛雄风。

不到沂蒙不知“崮”为何物。
在中生代侏罗纪晚期的燕山运动
和新生代第三纪的喜马拉雅运动之后，
由于地层沿着断层组上下错动，
形成无数地垒式的断块山，
历经 1.5 亿年的风化剥蚀后，
逐步演变为崖壁峭立、山顶平坦的桌形山，
是继喀斯特地貌、张家界地貌、嶂石岩地貌、
丹霞地貌之后的中国第五大岩石造型地貌。
这一地貌奇观，四周陡峭、顶部平坦，
崮体底部光秃的斜坡，
是唯一可攀登崮顶的途径，
因此在作战地形上属于易守难攻之地。
一对南北相望的姐妹崮，
实乃岱崮地貌之典型，
人称“南北岱崮”。
抗战期间，
在北崮西面、南崮南面的山崖上，
各建有一个小瞭望楼。
南北岱崮就像一道大门，
紧紧锁住通往鲁中抗日根据地的通道。
或许因为崮在作战中的天然优势，
统率大军南征北战的陈毅元帅，
也曾为它赋诗一首：
“临沂蒙阴新泰，路转峰回石怪，
一片好风光，七十二崮堪爱。”

得天独厚的地理环境，
让沂蒙山区成为埋兵布阵的理想之处。
在波澜壮阔的革命战争年代，
党政军群组织长期驻扎于此，
为夺取中华民族抗日战争和解放战争的胜利，
作出了历史性贡献。
更在这片红色热土上，
留下了宝贵的精神财富。

| 蒙山叠翠 |

沂蒙精神

| 八路军一一五师奉命向山东进军。这是部队到达鲁南山区的情景 |

五四运动后，
受到启发的沂蒙山区知识分子，
为寻求救国救民的真理而四处奔走。
他们加入中国共产党，
将先进的马克思主义思想带回家乡，
为古老沂蒙带来希望的曙光，
并撒播下革命的火种。

1937 年全面抗战爆发，
在分析沂蒙山区的地理环境和群众基础后，
中共中央决定于沂蒙山区
创建革命根据地。
随即，边区省委南移至沂蒙，
八路军一一五师师部及主力部队挺进沂蒙，
沂蒙革命根据地迅速发展起来。
各级抗日民主政权，也在这里逐步建立起来，
形成了鲁中、滨海、鲁南三大战略区，
并在这里领导创建了
鲁中、鲁南、滨海三大抗日根据地，
使得沂蒙革命根据地
成为山东抗日根据地的中心。
当时西方媒体评论说，
中国共产党军队的军需部可能是世界上所有军队的军需部中最小的，
需要补给时派一个人去根据地打个招呼，
成千上万人组成的支前队伍就来了。
在扭转华东战局的孟良崮战役中，
沂蒙人民义无反顾地支持党和人民军队，
先后出动临时民工、二线常备民工、随军常备民工等共计 92 万多人。
而三大战役期间，
沂蒙人民放下锄头，
抬起担架，

三大抗日根据地位置示意图

推起小车，

承担起淮海战役支前的伟大战略任务。

在血与火的洗礼中，
沂蒙人民始终把自己的命运，
与党和军队的命运紧紧连系在一起，
逐步形成了“爱党爱军，无私奉献”的沂蒙精神。

沂蒙精神虽孕育于战火纷飞的年代，

但随着中国革命、建设和改革开放的发展，

不断地被注入新的元素，

也被赋予日趋丰富的内涵，

以及愈发强大的生命力。

在商城的崛起之路中，

展现出临沂人敢为人先、勇于开拓的精神风貌。

| 华东烈士纪念堂 |

物流之都

1981 年，改革开放的春潮涌动，
商品市场开始萌芽。
临沂县工商局
在西郊征地 4 万平方米建成一处大棚，
成为临沂第一处大棚结构的批发市场。
90 年代初期，
邓小平的“南方谈话”，
让临沂掀起了市场建设的高潮，
浙商、闽商、徽商、豫商和晋商等的涌入，
导致临沂市场急剧扩大，交易额大增，
辐射范围一度覆盖华东和东北等地区。
进入千禧年以后，
凭借地处长三角经济圈与黄渤海经济圈
交会点的特殊区位，

临沂成为“一带一路”重要节点城市，
城市规模也迅速扩大。

临沂商城
也从一个中转站，
成长为
中国规模最大的
专业市场集群、
重要物流周转中心
和商贸批发中心。

这里有全国最大的
板材、
食品、
有色金属、
铝型材、
农业机械等工业产业集群。
临沂市临沭县是国内最大的化肥生产集群，
金正大、史丹利等化肥生产巨头皆入驻临沭。

这里，
专业批发市场已有 134 个，
经营总面积 1447.9 万平方米，

| 四通八达的临沂交通 |

商位 6.9 万个，
从业人员 23.3 万人，
日客流量 30 万人次。

经营商品涵盖
小商品、五金、建材、板材、园林机械、劳保用品等 27 大类 6 万个品种。
即使只在每个店铺停留 1 分钟，
逛遍所有门店，
不眠不休也需要 48 天。

这里，
电商企业、商户也达 18.5 万多家，
各类大型电子商务产业园区 20 个，
各类电商平台 47 个，
电商从业人员约 60 万人。
临沂商城 70% 以上商户都开通了电子商务，
阿里巴巴、京东、亚马逊、谷歌等
平台巨头纷纷落户，
成为临沂新旧动能转换的最强引擎。

这里，
国内配载线路 2000 多条，
覆盖全国所有县级以上网点，
通达所有港口和口岸。
全国近乎一半的物流货车在临沂中转货物，
不仅因为这里有规模庞大的市场集群，
更在于临沂物流价格比全国平均低 30%。

航空口岸对外开放，
国际贸易有序开拓，
让临沂物流体系如虎添翼。
临沂机场先后开通至广州、
深圳两条全货机航线，
顺丰航空物流及快件分拣中心也落户于此，
“临新欧”“临满欧”等 10 多条国际国内货运班列
实现常态化运行，
为临沂商城的国际化注入新活力。
临沂，
已经成为名副其实的商贸物流之都。

朝气临沂

山东是中国人口大省，

而临沂则是山东省人口第一大市，

其发展必然面临着不容小觑的挑战。

千年沂河水串起一路如诗如画的风景，

给每位来访者留下深刻印象。

让人不禁想起，

2003 年

两院院士吴良镛、周干峙曾亲自为临沂把脉，

确定了城市的发展战略

和空间功能布局

以及城市建设发展目标。

并在此基础上，

委托中国城市规划设计院

编制了临沂市城市总体规划。

十多年过去了，

两位顶级城市规划专家提出的发展战略，

激发了这座城市的无限潜力。

大众创业，万众创新，
实现着老区人民的"小康梦"；
经济发展与环境保护共赢的新常态，造就了醉人的"沂蒙蓝"。

我们应该看到

临沂追求高规格城市发展的眼光与魄力，

也有理由相信，

从"闭塞山区"到"北方水城"，

从"西郊大棚"到"物流之都"，

她的成功绝非偶然。

如今，她的朝气蓬勃、日新月异，

也印证了临沂人脸上灿烂的笑容，

揭开了幸福临沂的密码。

| 临沂新城 |

以德兴州。

。

母亲河的馈赠 ……………… ，

运　河　古　城 ……………… ，

铁　路　枢　纽 ……………… ，

城　市　蓝　图 ……………… ！

说起德州，或许有人会想到得克萨斯州或德州扑克。

但如果说德州扒鸡，大家就会立刻锁定中国山东德州。

300 多年来，德州扒鸡几经政局变幻，从绿皮火车到动车高铁，始终屹立不倒。

它是如何起家并迅速占据了四大名鸡之首？

它又为何能延续百年成就传奇？

答案，早已写入德州的历史地理之中。

德州扒鸡，位列德州三宝之首，被誉为“神州一奇”“中华第一鸡”。

始于清朝，传于民国，盛于当今。

德州位于山东省西北部，区位优越，是京津“南花园”、山东“北大门”。北以漳卫新河为界，与河北省沧州市为邻，西以卫运河为界，与河北省衡水市毗连，西南与聊城市接壤，南隔黄河与济南市相望，东邻滨州市。

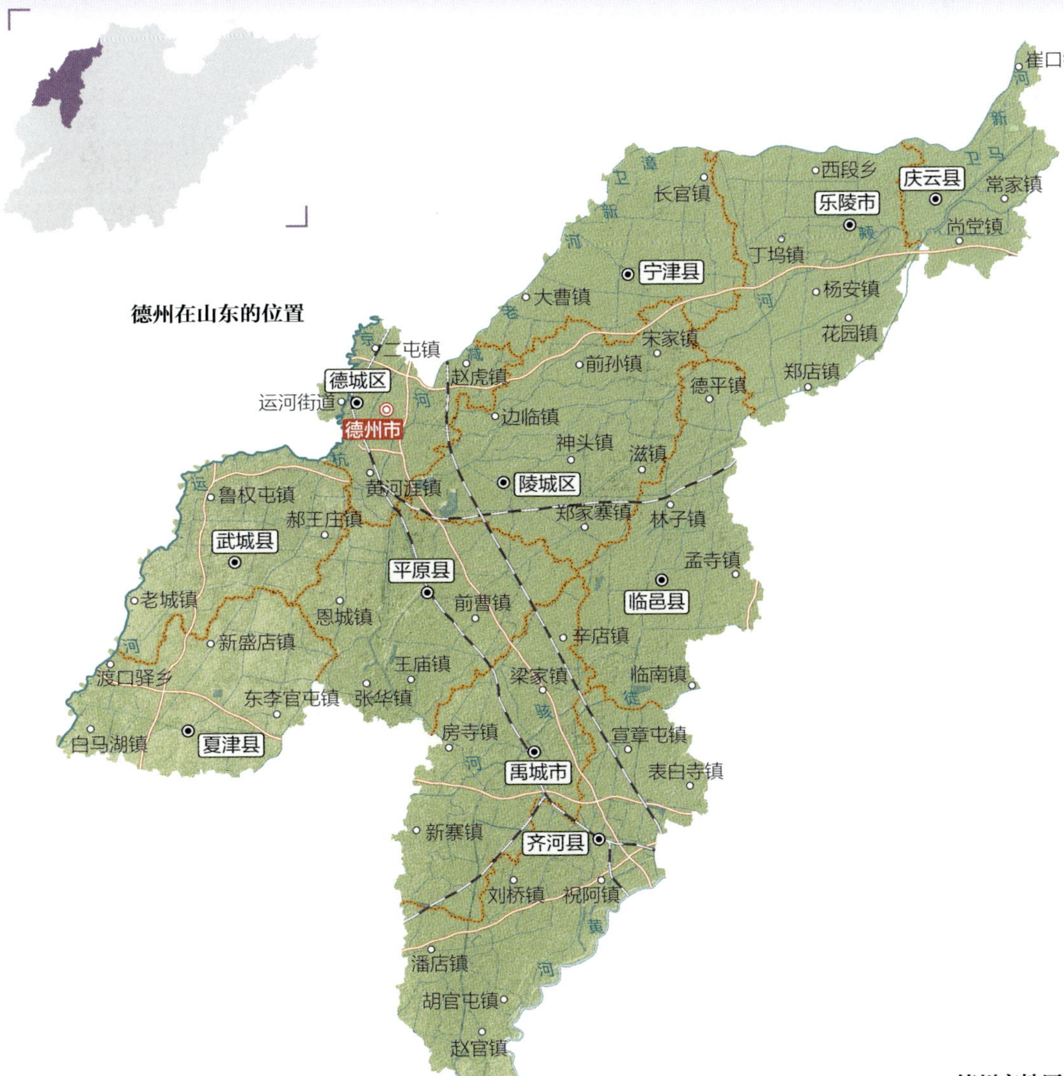

德州在山东的位置

德州市地图

母亲河的馈赠

德州之“德”，
源于“德水”。
秦更黄河名为德水，
德水流经于此，
故以为名。
上善若水，
以德兴州。

10000 年前，德州区域还是一片茫茫浅海，
六七千年前，这里逐渐形成低洼的冲积平原，
5000 年前，先民开始在这里刀耕火种。

这里，是大禹治水导河入海的主战场。
相传大禹治水，疏浚九河，在德州大地上凿出道道禹迹，留下鬲津、马颊、覆釜、钩盘、徒骇五河故道。
甚至可以说，德州发展的文明史，也是一部波澜壮阔的治水史。
千百年来，滚滚黄河像一支巨笔，绘就了一幅幅气势磅礴的人间美景。

而它在山东大地上最为险绝的一笔，就留在德州市齐河县南坦。
这里，是黄河夺大清河河道入渤海处，
由于两岸堤距小、弯道急，河水中心流速快、冲击力大，
素有“黄河咽喉”之称。

| 德州四女祠 |

| 夏津桑林 |

历史上黄河改道无数次，在德州夏津留下一片两万公顷的沙丘地。

昔日夏津，风沙肆虐，当地人民世代种桑治沙，以桑蚕丝织为业。

2018 年春，联合国粮农组织在德州夏津发现了一片六千亩的古桑林，
它们是迄今为止被发现的世界上树龄最高、规模最大的古桑树群。

夏津桑林因此获得了“全球重要农业文化遗产”证书，

成为山东第一个也是唯一一个全球重要农业文化遗产。

夏津桑林，从此大步迈入世人眼中。

这片古桑树林跨越历史长河，

见证了先民们沧海桑田的壮举，

承载着厚重的黄河文化和桑蚕文化，

同时，也为当地带来了良好的生态环境和生存保障。

黄河万年流淌，桑林千年不老，成就了这名副其实的聚宝盆。

| 乐陵枣林秋色 |

黄河下游近海地区，
旧时土壤瘠薄，多沙土、盐碱含量高，
不易开发为大片的良田，
却正适合枣树的种植。

《齐民要术》中载，
“青州有乐氏枣，丰肌细核，多膏肥美，
为天下第一”，
说的正是乐陵枣。
桑树与枣树虽是树木，但却同被称为“铁杆庄稼”，是一项铁打的甜蜜事业。

中国是枣的故乡，乐陵是著名的“金丝小枣之乡”。
中国的枣，总产量占世界的9/10，而乐陵枣又占中国枣产量的1/10。

2015年，乐陵枣林复合系统入选第三批中国重要农业文化遗产名单，
这是继夏津桑林后，德州第二个中国重要农业文化遗产。

地居黄河冲积平原的德州，
耕地资源丰富，河道众多，
具有干支相通、流域相连、能排能调的河流水利系统。
优良的水土资源为农业发展打下良好基础，
母亲河用自己的乳汁，将德州灌溉成了中国主要的产粮区。

德州现代农业蓬勃发展，粮食产量居山东省前列，
目前建有单体面积105亩的智慧农业大棚，
是全国首个“亩产吨粮、总产过百亿斤”的地级市，
是京津地区重要的优质农产品供应基地。
除此之外，畜牧养殖业也很发达。

面向京津冀，主要建设粮食、油料、畜禽、果蔬、酒品、木材加工六大农产品供应基地。是京津冀优质“米袋子”“菜篮子”“果盘子”“肉案子”。

| 农业是德州地方经济重要产业 |

运河古城

如果说禹疏九河，为德州发展奠定了历史基础，
那么隋代开凿永济渠，则决定了德州的历史走向。

京杭大运河德州段，由卫运河和南运河组成，全长 141 千米。
原为汉之屯氏河、隋之永济渠、宋金之御河，自元朝开通会通河后称“大运河”，
明代的临清至天津段运河也称卫漕，清代始称南运河。

通过运河，
德州既可以与淮泗、江南相连，
也可以沟通豫北、冀南等地。
再加上它是山东西北方的陆路门户，扼数省之津要，
重要的地理区位使德州成为运河边上的仓廒重地。

隋炀帝开凿永济渠，德州的运河文明由此拉开序幕。
南起黄河、北通涿郡的永济渠，是隋朝大运河最长的河段，
其河道走向与今日的卫河基本一致，皆经过今德州城畔。
永济渠开凿后不久，德州就走出了中国历史上第一位有名可考的状元——孙伏伽。
唐王朝依靠这条动脉泵出的不竭物力，彻底击败中原王朝三百年的心腹大患高句丽，初定了后世东北亚的文明格局，
但也养肥了边军藩镇的野心，酿成安史之乱。
颜真卿不畏强敌，在这里固守城池，其气节与书法一同流芳后世。

永济渠是中央王朝从华北平原攫取物力的膏脂之河，
也是中央王朝为了防备东北边患，向燕山辽海边防大军输送给养的动脉。
“国家平日聚江淮河南钱帛于彼以赡北军”。
“靖难之役”后，
为维持都城及边军给养，
明廷再开南北漕运，疏浚会通河，
设淮安、徐州、临清、德州“四大漕仓”。
德州水次仓负责收储河南、山东等地漕粮，
同时又接纳淮、徐、临等粮仓转运的漕粮。
作为交通要冲，德州扼漕运之咽喉，又是仓储重地，必然驻扎重兵守备。

南北大运河与山东的关系示意图

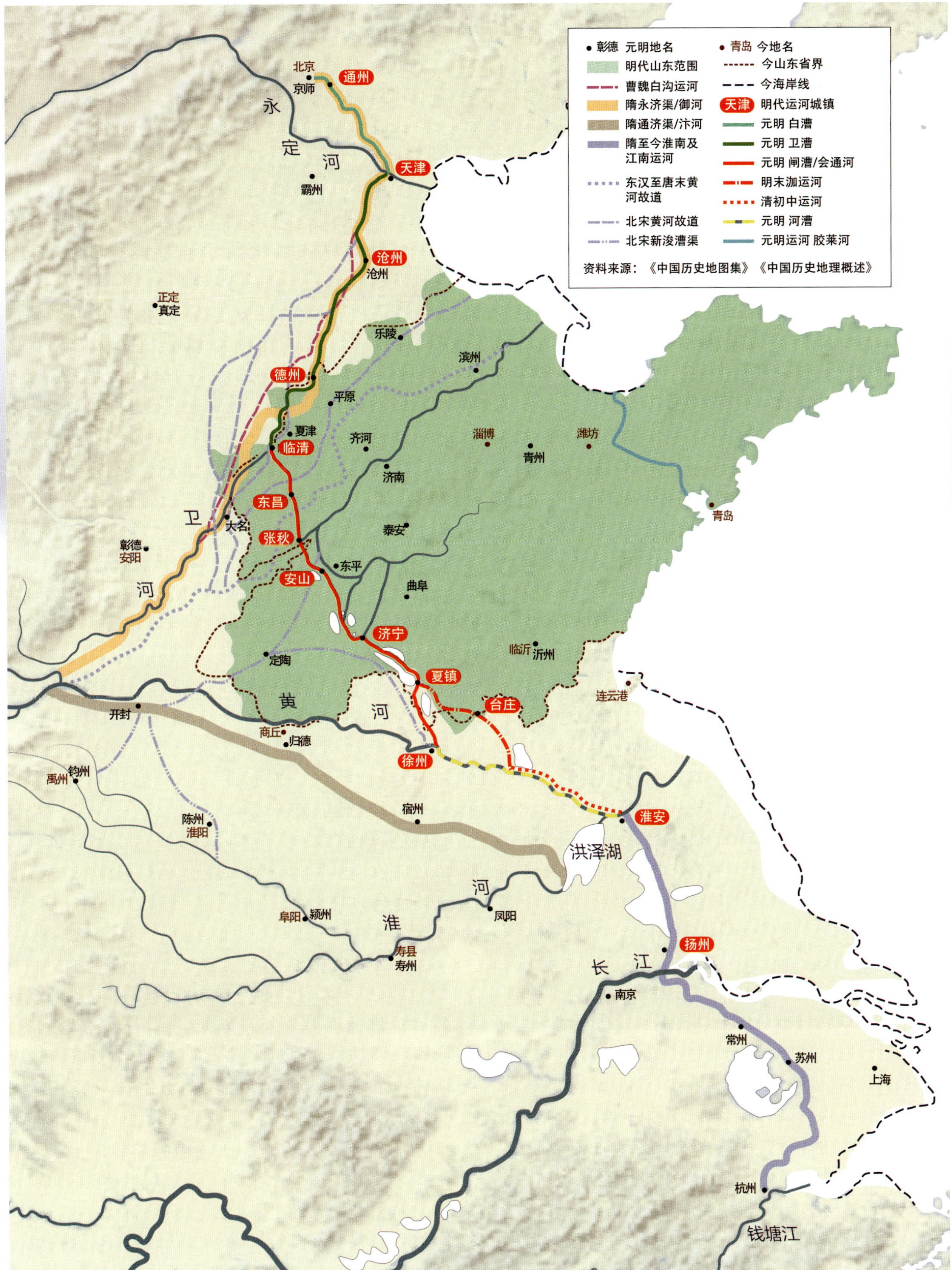
彰德 元明地名
青岛 今地名
明代山东范围
今山东省界
曹魏白沟运河
今海岸线
隋永济渠/御河
天津 明代运河城镇
隋通济渠/汴河
元明 白漕
隋至今淮南及江南运河
元明 卫漕
元明 闸漕/会通河
东汉至唐末黄河故道
明末泇运河
清初中运河
北宋黄河故道
元明 河漕
北宋新浚漕渠
元明运河 胶莱河
资料来源：《中国历史地图集》《中国历史地理概述》
北京
京师
通州
永
定
河
天津
霸州
沧州
沧州
正定
真定
乐陵
滨州
德州
平原
夏津
临清
齐河
济南
淄博
青州
潍坊
青岛
东昌
卫
大名
张秋
泰安
彰德
安阳
东平
安山
曲阜
河
济宁
定陶
临沂
沂州
夏镇
黄
河
台庄
连云港
开封
商丘
归德
徐州
钧州
禹州
宿州
陈州
淮阳
淮安
洪泽湖
河
阜阳
颍州
淮
凤阳
寿县
寿州
扬州
长
江
南京
常州
苏州
上海
杭州
钱塘江

| 德州海岛金山寺 |

明朝在德州先后设德州卫与德州左卫，是山东范围内设卫和驻军最多的地方之一。德州有“神京门户”之称，号“京畿达九省御路”，是当之无愧的“九达天衢”。

清代，德州仓储的规模和面积较明朝有所增大。

为监督漕运、守备仓储、控扼要害，清廷于德州城中特辟一区，

驻500满洲旗兵于内，德州“满城”成为全国20多座“驻防城”之一。

有清一代，山东的旗兵驻防城仅有青州与德州两地。

重要的军事地理地位，也促进了德州运河经济的发展，

每当夏初漕粮抵港之时，成千上万的漕工运军会聚于此，热闹非凡。

经济的繁荣促进了文化的发展，

不同地域的风土人情在此汇聚，

形成了兼容并包、独具特色的运河风情。

苏禄国东王朝贡明朝，返回时殁于德州，

明廷在德州城北为其造陵，许其家人留居中国。

其后人长居德州，久沐华风，融于本地，

反映出运河古城的厚德与包容。

铁路枢纽

明清时期，
不可胜数的商品随着漕船北上南下，
大运河沿岸变成了井屋千里、烟火万家的
国家核心经济带。

此时的德州，兼具三重身份：
漕运码头、仓储基地、运军驻足贸易重要场所。

运军贸易又刺激了服务业、饮食业、娱乐业的发展，
形成了三个主要商贸区，
大市一、六逢集，小市一日一集，
年节或农闲季节，则有庙会。
然而，19 世纪中期运河却堵塞废坏了，
漕运多改由海上进行。

| 津浦铁路上的机车 |

德州的繁荣
就此走到尽头了吗？
随着近代化的历史潮流，德州重要的地理区位，
为它迎来了第二次发展机会——铁路。

清宣统三年（1911 年）通车的津浦铁路，
是清末开始修建的南北交通动脉，北起天津，南至江苏浦口，
途经直隶、山东、安徽、江苏四省，全长 1000 多千米，是今日京沪铁路的主体部分。
通过高效率的铁路运输，德州与天津、上海、青岛等地联系更加密切，
转而成为津浦路山东段三大集散市场之一。
此时，津浦铁路对德州的商业意义已大大超过运河。
100 年后，京沪高铁开通，
德州东站是京沪高铁进入山东省的第一站，同时也是京沪高铁与太青客运专线唯一的交会点。
京沪高铁、石济客专与京沪、石德、德龙烟、邯济四条铁路构成“三纵三横”铁路交通网，京台、京沪、德商、济聊、青银、德滨搭建了“三纵三横”高速公路交通网。
德州实现了 1 小时进京、半小时入津、2 小时到青岛和太原的快速交通网。
德州没有因为运河堵塞停止发展，而是变得更加强大，
成为山东省与京津冀对接的重要铁路枢纽。

城市蓝图

沧海桑田，

时代变迁，

黄河塑造了德州的地域之身，运河疏通了德州的七经八脉。

德州的未来，

是否还能如过去般“风生水起”？

德州地处环渤海经济圈、黄河三角洲高效生态经济区、山东省会城市群经济圈和山东西部经济隆起带的交会地带，

是北京1小时生活圈重要节点城市，

是国家新能源示范城市、国家生物产业基地、国家卫生城市、国家园林城市和中国优秀旅游城市。

| 鸟瞰德州 |

德州肩负着建设“京津冀产业承接、科技成果转化、优质农产品供应、劳动力输送基地和京津冀南部重要生态功能区”的重大使命。

2015年，《京津冀协同发展规划纲要》明确提出“一区四基地”发展目标，

为德州发展迎来了第三次重大机会。

德州锐意进取，重点推进产业承接基地建设，

同时，出台人才发展“黄金30招”。

这一次，德州能否抢抓前所未有的机遇，

成为下一个新一线城市？

我们拭目以待。

聊城风貌佳

这里，被誉为“东方威尼斯”。
这里，黄河运河文化交相辉映。
这里，可以说是北方最不缺水的城市。
这里是“江北水城·运河古都”——聊城。

聊城地处山东省西部，
东襟齐鲁、南望中原、北倚燕赵。
西濒漳卫河，
东南临黄河，
水，赋予了这座城市独特的灵魂，
壮美的黄河奔腾百里，古老的京杭运河流淌千年，
南水北调东线工程由此穿黄北上。
全市流域面积在 100 平方千米以上的河流有 34 条，
市内还有东昌湖、金水湖、双海湖等湖泊。
大小湖泊中，东昌湖最为出名。
东昌湖水域面积 6.3 平方千米，
相当于 10 个济南大明湖（大明湖湖面面积 0.58 平方千米）。
它是北方最大的城市湖泊，
和杭州西湖、南京玄武湖齐名，
更有“南有西湖，北有东昌”的美誉。
但严格来说，东昌湖是人工湖，
它是东昌府城的护城河，
也是世界最宽、面积最大的护城河。
为何东昌湖延续千年、越挖越大？
为何东昌府城要挖掘如此大规模的护城河？
可能，我们要从东昌府城的历史地位中去寻找答案。

| 东昌湖夜景 |

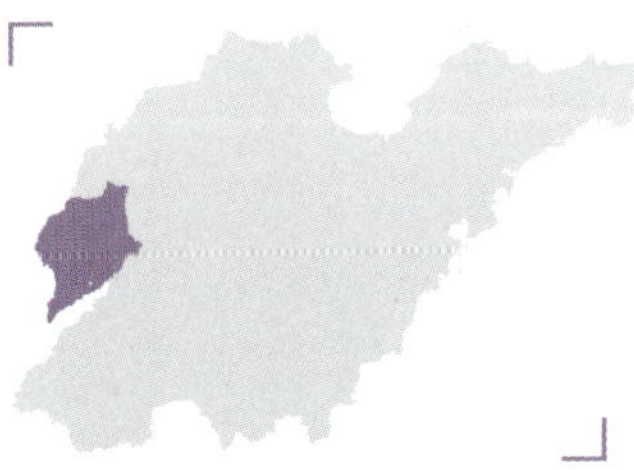

聊城在山东的位置

聊城市地图

东昌古城，
始建于北宋熙宁三年（1070 年），
形状方方正正、状如棋盘，
以光岳楼为中心，
四条经纬分明的古老街道向四方延伸，
因位置和布局状若凤凰，
素有“凤凰城”之称。
它城高池深，易守难攻，
历代多次战争，均攻城不破。

东昌府傍水而生，因水而兴，
形成了“城中有水、水中有城、城水一体、交相辉映”的独特风貌。
衙署、寺庙、楼阁、院落等古迹林立，
被称为“微型博物馆之城”。
明清时期，东昌府曾为古运河沿线九大商埠之一，
被誉为“漕挽之咽喉，天都之肘腋，江北一都会”。

| 光岳楼 |

光岳楼主楼为木构楼阁，是我国木结构阁楼建筑的活化石，
在形式上承袭了宋元楼阁遗制，在结构上继承了唐宋传统，
是宋元建筑向明清建筑过渡的代表作，
也是我国现存明代楼阁中最大的一座。
清康熙皇帝曾4次登楼并题匾“神光钟暎”，
乾隆皇帝更是9次路过东昌、6次登楼，
御题匾额“光岳楼”，
并先后御制诗章13首。

这里有海源阁。
海源阁位于光岳楼南，是清代四大藏书楼之一，
也是中国历史上最著名的私人藏书楼之一。
它由进士杨以增于清道光年间所建，
经杨氏四代人潜心搜集，至清末藏书达3236种、208300多卷。
它改变了我国藏书都分布于江南的格局，
时称“南瞿北杨”。
《老残游记》作者刘鹗曾来探访，因未能如愿进入而深表遗憾。
1972年，毛主席赠给日本首相田中角荣的国礼，便是海源阁藏书《楚辞集注》的影印本。

光岳楼位于古城中心，为东昌府城鼓楼，始建于明洪武七年（1368年），
它由墩台和主楼两部分组成，通高33米，巍峨壮观，
与岳阳楼、黄鹤楼等共称为中国十大名楼，有“虽黄鹤、岳阳亦当望拜”之誉。

这里有山陕会馆。

山陕会馆位于古城东南方、运河西岸，

由清乾隆时期的山西、陕西客商集资合建。

会馆布局紧凑、装饰华丽，现存山门、戏楼等亭台楼阁 160 多个，

戏楼为二重檐十挑角，可与北京故宫漱芳斋戏台等相媲美，

为聊城“八大会馆”之首，也是其中唯一保存下来的会馆。

这里，有聊城铁塔。

它位于东昌古城东关京杭大运河河畔，

始建于北宋时期，

是聊城现存最古老的建筑。

铁塔为八角形楼阁式佛塔，12 层，塔高 15.8 米，

塔座为石质，塔身为我国佛塔建筑中罕见

的铁质材料。

它是中国六大古铁塔之一。

明人将其列为“聊城八景”之一“铁塔烟扉”。

文化昌盛的海源阁，巍峨壮丽的光岳楼，

雕梁画栋的山陕会馆，景色秀美的东昌湖，

它们交相辉映，为江北水城增添了无穷魅力。

如果说，山水勾画了一座城的轮廓，

那么，文化则滋养了一座城的风韵。

这里，有东昌葫芦雕刻。

作为东昌府运河两岸农家艺人的特色工艺制品，

它随运河商旅远销各地。

这里，有东昌古锦。

其织造工艺极为复杂，在当时影响巨大。

清末秧歌调《逛东昌》中云：

“绫罗缎匹文龙绢，胡绉蜀锦并杭纺，各色呢绒来海外，印花被面出本乡。”

这里有东昌府木版年画，
它与潍坊杨家埠木版年画并称，
代表山东木版年画的东西两大系统。

| 东昌府木版年画 |

漕运襟喉

聊城是京杭大运河上的一颗璀璨明珠，
其运河开凿的历史，可上溯至东汉，
隋朝开凿大运河，其中的永济渠河道走向与今日的卫河基本一致，
皆经过今聊城临清以西。

元世祖忽必烈时，为解决南粮北运，
挖凿了南起安山、中经东昌府、北至临清的会通河。
在会通河开挖以前，聊城狭小偏僻、经济萧条，
历史上有据可查的聊城城址，曾因黄河侵扰四次搬迁。
元初，博州更名东昌，会通河从东昌城东关外通过，
张秋、阿城、东昌、临清等沿线市镇变为重要码头，

聊城一夜之间成为水运枢纽和商业都会。

明清两代，得益于京杭大运河漕运的兴盛，聊城地区运河沿线“廛市烟火之相望，不下十万户”。

临清是聊城及山东的西北门户，因临古清河而得名。

临清城位于会通河、卫河水交汇之处，为“南北水运之枢”。

“先有临清仓，后有临清城”，

这句在临清妇孺皆知的俗语，

扼要概括了运河仓廒在临清历史上的重要地位。

凭借大运河漕运的兴盛，

临清一跃成为明清时期北方重要的交通、工商业和文化中心，

是全国性的漕粮转运中心和华北最大的商品集散地，

贸易“南达闽粤，北通辽海”，

有“临清傍运河，富庶甲齐郡”之誉。

“临清是个热闹大码头去处，商贾往来之所，车辆辐辏之地……”

今日临清，仍有多处古建、民居街巷存世。

运河钞关位列世界文化遗产名录，
临清舍利宝塔是“运河四大名塔”之一，
鳌头矶、清真寺也极富特色，
临清堪称运河文化的立体博物馆。
鸟瞰州城全貌，宛如一颗心脏，
汶、卫二水恰如动脉、静脉，
闸门启闭，运流翕张，使其怦然搏动，生机勃勃。

大运河舳舻连云，浩浩荡荡，
造就了一座座个性鲜明、积淀深厚的历史古镇，
张秋、阿城、七级、李海务、博平、梁水……
如同运河串起的耀眼明珠，见证了运河的繁荣。
张秋镇亦名安平镇，南邻安山，北靠阿城，
五代时称张秋口，属阳谷县，
宋代改属东阿县，金代曾设都水分监于此，
元代称景德镇。
因武松打虎闻名于世的景阳冈，就位于阳谷县张秋镇内。
张秋是运河进入今聊城境内会通河上第一大镇，
为运河咽喉，
附近各县所征漕粮皆于此起运，
河中樯桅林立，街上商贾云集，
谚云“上有苏杭，下有临张”，
“临”即“临清”，“张”即“张秋”。
阿城位于运河东岸，
因地近古东阿城而得名，
是大运河进入聊城境内的第二大镇。

| 聊城月季公园 |

明清时期，阿城扼南北水运之咽喉，处东西陆路交通之要津，
“士民辐辏，商贾云集”，
绵延了数百年的昌盛和繁荣。
在聊城，京杭运河像一条玉带穿城而过，
留下了浓郁的运河文化风情，
四千多处相关古迹及其他重要文化遗存
铺就了聊城地方文化的底色。

这里是曹植的封地。
曹植是建安文学的杰出代表，
被封东阿王，
生前常“登鱼山，临东阿，喟然有终焉之志。遂营墓鱼山”。

这是一座行走在名著里的城市，
它是《水浒传》《金瓶梅》故事的发生地。
曾是明清皇家贡砖烧造地，
经临清北上的船艘都必须无条件夹带贡砖，
诗云“玉河秋水流涓涓，舳舻运砖如丝连”。
这里是运河伞棒舞的起源地，
受鲁西地域文化、水神信仰、水运生产生活实践影响，
伞棒舞彰显了丰富的运河风情。

古城新貌

聊城地处鲁西，耕地资源丰富，
境内土层深厚，沙黏适中，垦殖率较高，
聊城现代农业发达，是中国蔬菜第一市，
是京津冀、长三角地区重要的优质农副产品供应地，
在山东省乃至全国都占有举足轻重的地位——用不到全国 1% 的土地生产了全国 2.5% 的蔬菜和 5% 的食用菌，产量分别占山东省的 1/7 和 1/6，
瓜、菜、菌总产量居山东省第一位。
“聊·胜一筹”蔬菜产业品牌享誉全国，
2018年荣获中国区域农业品牌影响力第五名。
莘县蔬菜是聊城蔬菜产业的标杆，
被中国蔬菜流通协会命名为“中国蔬菜第一县”。
莘县蔬菜年种植规模、产量位居全国县域之首，
历史上莘县所产的辣椒及辣椒油、荸荠等曾是皇家贡品。
今天，莘县的瓜、菜、菌生产规模大、品种丰富、品质优良，
是重要的北方冬春蔬菜和南方晚秋蔬菜供应地，
有“莘县香瓜”“莘县蘑菇”“莘县西瓜”三个地理标志产品。

聊城盛产阿胶。
中药材常以药材的原产地来命名，
如阿胶、川贝母、广木香、杭白芷等，
其中阿胶便是以聊城东阿来命名的。
1952 年，第一家阿胶国营生产企业——山东东阿阿胶厂正式成立，

迈出了阿胶工厂化生产的第一步，让传统炼胶技艺焕发出新的活力。

目前，东阿阿胶拥有中成药、保健品、生物药三大产业门类，

为全国最大的阿胶及系列产品生产企业。

聊城是国家历史文化名城，

是中国优秀旅游城市、国家卫生城市、国家环保模范城市，

是国家园林城市、全国双拥模范城市、国家森林城市、中国温泉之城。

聊城，也是一座名人辈出的城市。

这里是国画大师李苦禅的故乡，

从东昌，走出了文化巨子傅斯年，走出了领导干部楷模孔繁森。

从临清，走出了抗日将领张自忠，走出了国学泰斗季羡林。

如何破局变身真正的凤凰之城？江北水城将迎来最大挑战和机遇！

河海滨州城

。。

河 海 之 景 ………………………………………………………………………… ，

河 海 之 灵 ………………………………………………………………………… ，

河 海 之 富 ………………………………………………………………………… ！

滨，近水的地方，
洲，水中的陆地，
因地处“渤海之滨，黄河之洲”而得名的
滨州，
注定是座与水有关的城市。
在这里，
14 条大中型河流，
日夜奔腾。
数不清的小型河流与湖泊，烟波浩渺。
以“黄河 × 路”命名的东西路，
与以“渤海 × 路”命名的南北路，
纵横交错，定位准确，
让这里成为所有“路痴者”的天堂。
数千年来，
滚滚黄河水奔流直下，
滔滔渤海潮在侧云涌，

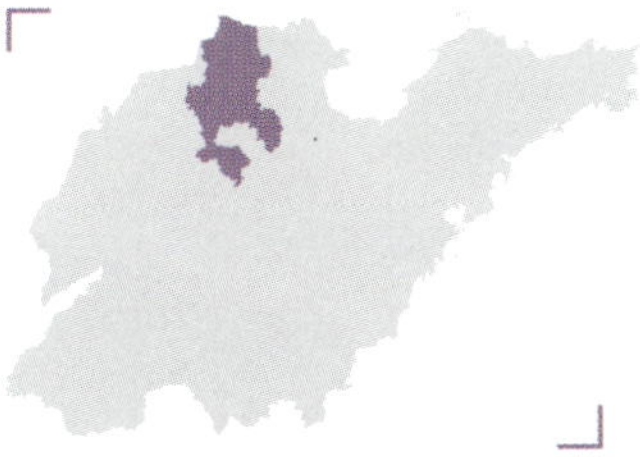

滨州在山东的位置

“黄”之魂与“蓝”之韵交融，塑造出滨州这座冲积平原城市，也孕育了一个生机勃勃的“北国水乡”。

滨州市地图

河海之景

水，在滨州有着多重身份。
她是辽阔大地的塑造者。
滨州境内 96% 的土地皆为黄河冲积平原。
这里曾经旱不能浇、涝不能排，
而连续多年的“林水会战”
使盐碱荒滩摇身一变，
成为粮丰林茂的“北国江南”。
她是地理位置的界定者。
小清河将滨州划分为南北截然不同的地貌，
南部的“泰山副岳”长白山脉，
延绵高耸，植被葱郁，
静默地守护着山脚下的一马平川。
它还是秀美风景的描绘者。
在三河湖，登高远眺，九曲黄河渺渺无际。
在秦皇河，荡舟水上，鱼虾嬉戏翠鸟清啼。
在中海地标，听涛怀古，游人如织夕阳晚照。
在十里荷塘，河道两侧，芦苇丛生莲花盛开。
在蒲湖景区，两岸堤坝，槐榆成林杨柳成荫。
有河湖、有阡陌、有人家，
水为魂、绿为脉，水绿交融，
除了这“世外桃源”般的田园画卷，
还有恢弘壮阔的海岸大片。

都言“山水作清友，寒暑愿白头”，
滨州的水不是孤独的，
鹤伴山，
山势陡峭，谷壑幽深，一瀑一景，
行走山水间，可悠游寄情，宛若潇洒出尘。
碣石山，
霞石丹褐，历史悠久，近河傍海，
登高望远，可高吟“东临碣石，以观沧海”。
还有樱花山的万株樱树，
十里花谷，如云似霞。
滨州的水，
有了山的点缀，便更多了一丝灵气。

鲁北盐田，星罗棋布，拼成偌大彩色魔方，
贝壳堤岛，飞鸟咸集，汇成天然生物博物馆。
更有由古黄河入海口泥沙淤积而成的黄河岛，
在日升日落中看万吨级码头通达四方。

| 浩瀚盐田 |

| 鹤伴山 |

河海之灵

智者乐山，仁者乐水。
山水秀美，地灵人杰。
滨州的先圣贤才，代代层出，
在滨州大地上留下了难以磨灭的印记。
春秋末期，齐国内乱，
出生于滨州（一说山东广饶）的孙武投奔吴国，
以兵法求见吴王阖闾并得到赏识。
他辅佐吴王制定一系列富国强兵、疲楚扰楚、争霸中原的政策，
使吴国成为春秋时期的新霸主。
《史记》曰：
“西破强楚，入郢，北威齐晋，显名诸侯，孙子与有力焉！”
孙武也因其军事思想被后世尊称为“兵圣”。
为了纪念这位滨州先贤，
滨州将环城水系旁的宋代古城扩建为孙武古城。
它集兵学文化、水文化、古城文化等为一体，
被誉为“华夏兵学第一圣殿”。

时间来到清光绪年间，
一位名叫魏肇庆的清代官员，
将孙子兵法思想在民用建筑中发挥到极致。
他在城垣的东南与西北角各设一突出墙体的碉堡，
城墙外砌垛口、射击口，顶部设锯齿状女儿墙。

整座建筑能攻易守、进退自如，
将军事防御功能与四合院式民居融为一体，
成为国内最大、保存最完整的清代城堡式建筑。

| 魏氏庄园 |

| 兵圣塑像 |

孙武

与这座魏氏庄园相媲美的，
还有无棣古城，
除建有角置炮台等军事防御设施外，
无棣古城还融合了海文化、河文化、齐文化等多种元素，
水环城，城抱水，
成为鲁北古城的典型代表，
有“观一城则窥鲁北全貌”之誉。

如果说“兵法思想”外化于滨州的建筑上，
那么“民本思想”则烙印到滨州人的内心里。
北宋大中祥符八年（1015 年），
26 岁的范仲淹考中进士。
在此之前，
他曾在滨州醴泉寺苦读 3 年，
留下“划粥断齑”的美谈。

**此后范仲淹“先忧后乐”的民本思想传承后世，
滨州人除建范公祠以示景仰外，
还在醴泉寺设范文正公祠，
公祠高出寺院主殿 2 米，
有“天下寺院皆崇佛，唯有醴泉独尊儒”之说。**

| 醴泉寺冬景 |

滨州人才济济，难以说尽。
历史上，仅滨州无棣古城便出现
1 个相国、7 个翰林、
9 个尚书、10 个侍郎、
55 个进士、167 个举人。
放眼整个滨州，
除宋代词人李之仪、明代诗人杨巍等文化

巨擘外，

还有家乘宝印为“祖孙父子兄弟叔侄进士之家”的吴氏家族，

“一门七进士”“父子五翰林”的杜家大院，

还有金石学家吴式芬、“一代帝师”杜受田等文臣。

即便在红色烽火的近代，

滨州作为渤海根据地党政军机关驻地，

也涌现出马耀南、刘竹溪等一大批优秀革命将领。

渤海革命老区纪念园中的55308名烈士的英魂，

也在诉说着滨州这方水土的人文价值。

河海之富

河海泽被，
使滨州成为一片“富饶之地”。
遥想 4000 余年前，
滨州大地是什么模样？
1991 年，在滨州邹平丁公龙山文化遗址
出土陶器、石器、骨器、蚌器等 5000 余件。
其中还有一件刻有 11 个文字的陶片——“丁公陶文”，
它在将我国文字起源向前推进 800 多年的同时，
仿佛也在向我们描绘着
先民们煮渤海水为盐、
引黄河水灌溉、
用石器加工粮食、
用陶器蒸煮食物的生动画面。

千余年后的今天，
滨州早已变了模样。
这里物阜民丰。
“百果之王”沾化冬枣，
赢得“早知沾化冬枣美，何必策马传荔枝”之誉。
口感鲜甜、肉质弹韧的“虾中新贵”盐田虾，
也开始为滨州代言。
还有无棣金丝小枣、阳信鸭梨、邹平水杏、
长山山药、武定酱菜、魏集驴肉等，
物产之丰，不一而足。

自 2000 年撤地设市后，
滨州走上发展快车道。
崛起的滨州港打开走向世界的“海上通道”，
4 座跨黄大桥打通鲁北与鲁中的阻隔，
9 条建成和在建高速公路在滨州互联互通，
A1 类大型通用机场日趋完善，
1 小时到北京、3 小时到上海、25 分钟到济南的高铁圈正在形成，
充分释放了滨州地处
黄河三角洲高效生态经济区、山东半岛蓝色经济区、
环渤海经济圈、济南省会城市群经济圈、
“两区两圈”交会点的区位优势。
这促进了滨州进一步雄厚产业基础、完整产业链条，
高端铝业、精细化工、家纺纺织、食品加工、畜牧水产
五大千亿级产业集群不断壮大。

高端铝业更是让滨州获得“世界铝谷”的名片，
有“世界铝业看中国，中国铝业看滨州”之称。

以魏桥创业为龙头，
以渤海活塞、盟威戴卡等为标杆的铝产业集群，
被列为国家创新型产业集群、
山东省重点支柱产业集群。
此外，高端装备、新一代信息技术、
新能源新材料、医养健康、现代服务
五大新兴产业加快培育，
滨州的发展活力正不断迸发。

滨州做好“水文章”，
形成了独特的市域生态空间格局。
除由沿黄河生态保护带、徒骇河生态带、
小清河生态带
组成的“三带”，
由漳卫新河、德惠新河、马颊河、徒骇河、
潮河、小清河
组成的“多廊道”，
包含众多湿地公园、地质公园、森林公园
等的“多节点”，
也成为生态滨州不可或缺的一环。

规划生态环境资源，
凸显平原城市特色，
生活在绿水青山间，
滨州人民的幸福指数不断攀升。
生态滨州，北国江南。

作为山东对接京津冀协同发展的前沿阵地
和黄河三角洲高效生态经济区的中心城市，
滨州这座富有变革精神的城市，
正全面落实“绿水青山就是金山银山”的
绿色发展理念，
通过打造“水”名城，
抢抓发展机遇，
在“渤海之滨，黄河之洲”绽放新辉煌。

菏泽牡丹甲天下

“曹州”往事…………………………………………，

“曹州”牡丹…………………………………………，

牡丹产业…………………………………………，

精神传承…………………………………………！

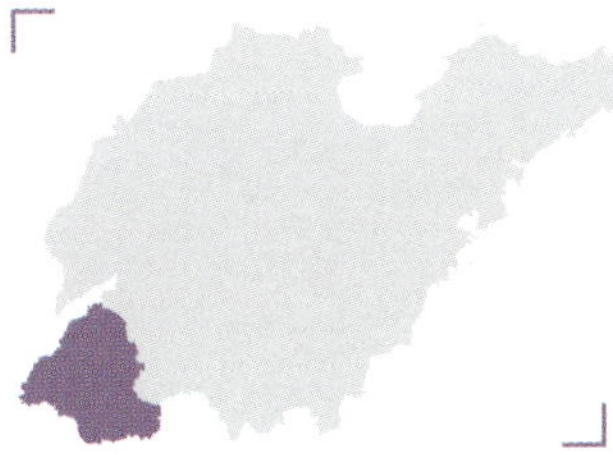

菏泽在山东的位置

菏泽市地图

这里是养育中华先民的生命之泽，
这里是中华文明的发祥地之一。
它古称“曹州”，
今名“菏泽”。

在这里，诞生了华夏民族人文始祖、位列三皇之首的伏羲，

以及带领中华先民由蒙昧走入文明国家的圣祖尧舜，

在这里，

华夏族首领黄帝、炎帝与东夷族首领蚩尤，

率领各自的部落决战于河济之间，

完成了华夏民族的首次大融合。

“曹州”往事

在古曹州存世的千百年中，
这里历史源远，底蕴厚重，
这里人文鼎盛，瑰丽璀璨，

春秋五霸时期，
这里是“葵丘会盟”之地。
西汉时期，
刘邦在这里举行登基大典，开创了200多年的“西汉王朝”。

进入东汉，
生于菏泽的光武帝刘秀被后世誉为“汉室中兴之君”。
此外，
在这里发掘出土的属“亚帝王级”的定陶汉墓，
是迄今发现的规模最大、级别最高、保存最好、时代特征最明显的“黄肠题凑汉墓”，
更被誉为“2011年中国考古十大新发现之一”。
东汉后期，
这里农业发达、经济富庶、社会稳定，
诞生了中国第一部农业巨著——
《汜胜之书》，
涌现出陈平、汲黯、魏相等一批政治家和思想家。
安史之乱后，
刘晏通过经济改革，
对唐中期的经济复苏居功至伟。
杀贪官、惩污吏、开仓放粮、救济百姓的

| 舜帝雕像 |

宋江，
其英勇事迹和抗争精神在民间流传很广。
南宋编印出版的《宣和遗事》，
将宋江起义的史事演义化、故事化，
元代有了歌颂宋江等英雄豪杰的传奇话本、戏剧，
明代文人施耐庵最终写成《水浒传》，
读书传播至今，
并成为中国古典四大名著之一。
这也促使菏泽成为如今的“武术之乡”。
明朝末年著名抗清英雄史可法、
抗日将领赵登禹、
爱国民主人士何思源……
无数志士仁人为救家国于危亡，奔走呼号，
前赴后继，
开展了艰苦卓绝的革命斗争。
然而，
记录下中华文明历史拐点的菏泽，
孕育出千万名家藏龙卧虎的菏泽，
还因一种花卉而格外被人们熟知，
那就是，
菏泽牡丹。

“曹州”牡丹

菏泽自隋朝起栽培牡丹，
享有“曹州牡丹甲天下”的美誉。
现在则拥有世界上面积最大、牡丹品种最多的
牡丹生产基地、科研基地和观赏基地，
向世人成功塑造出一座
“中国牡丹之都”。

菏泽的牡丹行销中国 100 多座城市，
出口世界 20 多个国家和地区。
牡丹产业投资近千亿，
树立了牡丹在世界上“花中之王”的形象。
在中国最早的诗歌总集《诗经》中，
就记载古东明县地（位于今菏泽市西）为牡丹产地。
而在 1500 年前，
曹州花师齐鲁恒为隋炀帝成功培育出“楼台牡丹”，
皇家园林和显贵的花园纷纷引种栽培。
明清时期，曹州牡丹栽培技术日臻完善，
曹州也因官员富户营园广为种植，
而成牡丹栽培中心，
享有“曹州牡丹甲海内”之誉。
《聊斋志异·葛巾》载：
“民间牡丹早于京师，洛阳牡丹源于曹州。”
此后百年，
曹州牡丹仍属世间无二，
菏泽是名副其实的“牡丹之乡”。

| 菏泽牡丹园花开盛世 |

牡丹产业

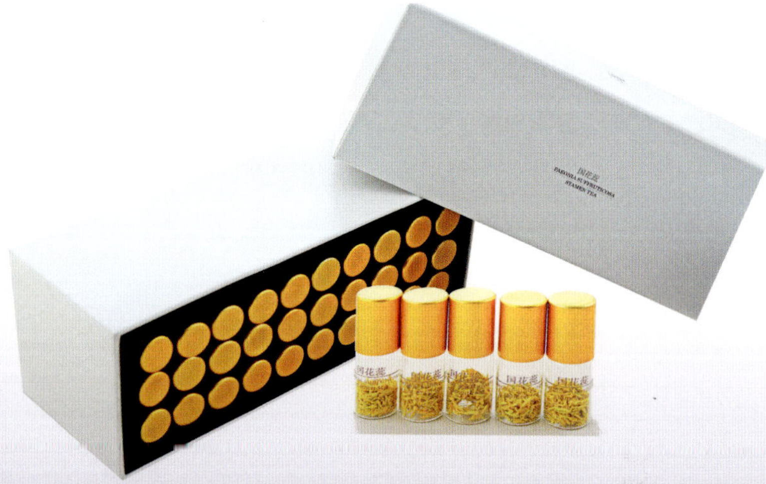

| 牡丹花蕊茶 |

| 国色天香 |

**菏泽已逐渐形成如今
“世界牡丹看中国，中国牡丹看菏泽”
的“菏泽牡丹”特色支柱产业。**

菏泽有 1259 个牡丹品种，
形成 3 类、10 型、9 大色系。
菏泽已成为国内外牡丹苗木的最大集散地，
市境内有牡丹观赏园多处，
著名的有蒙州牡丹园、中国牡丹园、凝香园等，
名震齐鲁大地。

菏泽，坚持以科技创新为引领，
成立中国牡丹应用研究院等机构，
开发出牡丹籽油、牡丹茶、牡丹日化品、
牡丹化妆品、牡丹保健品
等系列产品 240 多个。
不断引进国内外先进技术，
促进牡丹产业走国际化道路，
并努力充分发挥地缘优势，
走全方位立体开发利用的道路，

延长增粗了牡丹的全产业链条，
使菏泽在国际牡丹产业化中起到了应有的引领作用。
建设国家牡丹种质资源菏泽库，
设立牡丹产业发展基金，
建造中国牡丹博物馆，
稳步前行。
以菏泽牡丹为主体的“菏泽国际牡丹文化旅游节”，
如今成为菏泽市一项重大的旅游节庆活动。
菏泽市也是“世界牡丹大会”的召开地。

精神传承

菏泽牡丹所承载的
“美而不骄、典雅大度、富贵昌盛”的象征意义，
已经成为中华文化的代表，
成为国家精神和民族品格的体现，
为世界各国所接受和推崇。
菏泽牡丹，
已经散落整座城市的角角落落，
已经融入菏泽人民的日常生活。
菏泽有个行政区名为“菏泽市牡丹区”，
菏泽在建机场名为“牡丹机场”，
菏泽有座医院名为“牡丹人民医院”，
菏泽有座学校名为“牡丹区实验中学”，
这还不包括其他以相近含义命名的
“花冠酒业”“国花酒业”“国花学校”“国花大道”

| 菏泽大剧院 |

等众多含有牡丹元素的称谓。

春日，

路过 2019 年深秋建成的“菏泽大剧院”，

它以牡丹花瓣为造型，

突出了“刚柔相济、含苞待放”的设计理念，

体现了菏泽“牡丹之乡”的地方特色，

成为了菏泽人心目中最能代表牡丹的一座

标志性建筑。

夏日，

走在新修建的“牡丹路”上，

路灯均为牡丹花造型，笔直而挺拔，

一路望去，

一根根路灯，

仿佛一朵朵牡丹花含苞待放，

向路过的人们诉说着城市与牡丹的故事。

秋日，

遥望“天下之中第一山”——金山，

它一改春暖花开时才可以一睹牡丹芳容的

惯常，

金山上的野生牡丹在金秋时节，

娇艳似火、尽情弥漫，

浓香宜远，沁人心脾，

花期更是长达 3 个多月。

正所谓：

天资呈独秀，

国色冠群芳；

欲寻重秋红，

唯独来金山。

冬日，

探访全国地级市中规模最大的书画院之

一——曹州书画院。

一来，

可漫步建在历史悠久的环城河之上的曹州

碑廊，

饱览以歌咏牡丹为主题的书法
碑刻；
二来，
可在书画院展厅中，
尽品菏泽这座“中国工笔画之乡”里
出自当代书画名家之手的牡丹画作，
体会其鲜明的地域性和高超的艺术性。

当中华大地披上了朝霞的曙光，
鲁西南平原迎来了初升的太阳，
黄河一泻千里的阵阵轰鸣，
奏响菏泽沧海桑田的动人乐章。
斗转星移，菏泽从未放弃过对改革发展的
探索，
菏泽从未放弃过对美好生活的追求，

| 菏泽全景 |

“后来居上”新突破的誓言已成为菏泽人最大的担当。

菏泽，一座低调奋进的城市。

菏泽牡丹，一种传世经典的承载。

时至今日，
这座前景无限、大有可为的产业新城，
已然是日新月异，
静候你，
赏盛世牡丹，
品魅力菏泽。

出　品　中国地图出版社

策　划　王宝民　陈　平

执　行　卜庆华　陈卓宁　陈　宇　孙　竹

撰　稿　前　卫：总　序、济　宁、枣　庄、潍　坊、日　照、青　岛、烟　台
孙　竹：临　沂
高红玉：聊　城、德　州、威　海
潘　潘：淄　博
王　跃：济　南
赵　迪：菏　泽
苏文师：东　营
张　娴：泰　安
刘荣珍：滨　州

责任编辑　潘　倩　王　新

复　审　卜庆华

终　审　陈　宇

设　计　方　芳　风尚传媒

地　图　潘　倩　王　跃　封　宇　蒋家娴　刘　东